라스베가스에서
내가 만난 한인들
2

라스베가스에서
내가 만난 한인들 ❷

ⓒ 배상환, 2025

초판 1쇄 발행 2025년 11월 20일

지은이   배상환
펴낸이   이기봉
편집   좋은땅 편집팀
펴낸곳   도서출판 좋은땅
주소   서울특별시 마포구 양화로12길 26 지월드빌딩 (서교동 395-7)
전화   02)374-8616~7
팩스   02)374-8614
이메일   gworldbook@naver.com
홈페이지 www.g-world.co.kr

ISBN   979-11-388-4949-4 (03810)

• 가격은 뒤표지에 있습니다.
• 이 책은 저작권법에 의하여 보호를 받는 저작물이므로 무단 전재와 복제를 금합니다.
• 파본은 구입하신 서점에서 교환해 드립니다.

Korean - Las Vegas I have had the pleasure of meetings

라스베가스에서
내가 만난 한인들
②

배상환(SANG BAE) 인터뷰 글모음

좋은땅

서문

　라스베가스에도 좋은 사람들이 많이 살고 있음을 알리고 싶어 이 책을 낸다.
　2023년 2월부터 2025년 10월까지 지역 신문 〈라스베가스 타임즈〉에 썼던 '라스베가스 타임즈 초대석─배상환이 만난 사람' 인터뷰 글 30회분이다.
　이 책은 2010년에 펴낸 『라스베가스에서 내가 만난 한인들』(오늘의문학사)과 이어지기에 제목을 『라스베가스에서 내가 만난 한인들 2』로 했다.

　나는 라스베가스를 사랑한다. 시집 『라스베가스 세탁일기』로 시작된 그 사랑은 칼럼집 『라스베가스 문화일기』, 『라스베가스 찬가』, 『그리운 곳은 멀고 머문 곳은 낯설다』, 『라스베가스의 불빛은 아직도 어둡다』, 『라스베가스가 다섯 시면 서울은 몇 시죠?』, 『라스베가스 사랑』을 출간하며 30여 년이 흘렀건만 아직도 뜨겁다. 그 사랑이 언제 식을지는 나도 모른다. 아마도 끝까지 가 봐야 알 것 같다.

나는 라스베가스가 삶의 환경이 건강한 좋은 도시가 되었으면 좋겠다. 특히 라스베가스 우리 한국 동포들의 삶이 행복했으면 좋겠다.

책에 수록된 인터뷰이(Interviewee) 한 분 한 분께 감사드린다. 모두 삶이 진지하고 삶의 의미와 가치를 높이려 애쓰시는 분들이다.

나의 스물한 번째 책 출판을 도와준 아내와 두 아들 부부, 그리고 다섯 손주(찬미, 찬송, 찬우, 찬영, 찬희)에게 감사와 사랑을 전한다.

2025년 11월 11일
배상환

목차

서문   4

인터뷰 모음(2023. 2. ~ 2025. 10.)

제1부

알렉스 김(라스베가스 한인회장)   10
김성심(서양화가)   17
조광세(미주한인지도자협의회장)   24
전용복(여행 칼럼니스트)   32
노은아(성악가, 소프라노)   40
신일수(연극학자, 한양대 명예교수)   46
이아자(한미여성회 라스베가스 지회장)   53
유승복(『병명 및 의료 용어 사전』 저자)   60
김영상(예비역 공군 대령)   68
성동제(화가)   75

제2부

박경신(시인)	84
김택수(원로 의사)	92
문병조(전 경북대 자연과학대학장)	100
박영진(전 경희대 골프산업학과 교수)	107
이지현(피아니스트)	115
이혜자(무용가)	122
김혜숙(CSN 한국어 강사)	129
박성민(UNLV 형사정책학과 교수)	137
이지혜(시니어 아파트 보드 디렉터)	144
정상진(여행 칼럼니스트)	151

제3부

박정인(호텔리어)	160
캐빈 김(라스베가스 한인회 운영위원장)	167
김복순(지휘자)	174
전문석(라스베가스 한국노인회장)	181
안젤라 미쳴(라스베가스 재능기부회 대표)	188
문상구(등산가)	195
정성옥(합창단장)	203
최영철(대형 화물 트럭 운전사)	210
이춘화(합창애호가)	218
김정현(문인화가)	226

제1부

알렉스 김 제26대 라스베가스 한인회장

"화합하는 한인 사회, 재미있는 한인 사회,
봉사하는 한인회"

라스베가스 지역 신문 〈라스베가스 타임즈〉는 사회봉사에 힘쓰는 한인을 찾아 소개하는 '초대석 — 배상환이 만난 사람'을 신설하고 오늘 첫 손님으로 최근 취임한 제26대 라스베가스 한인회 알렉스 김 회장님을 모셨습니다.

회장 취임을 축하합니다. 그리고 바쁘신 중에도 인터뷰에 응해 주셔서 감사합니다. 먼저 우리 한인 동포들에게 인사 말씀을 부탁드립니다.

"동포 여러분 안녕하십니까? 2023년 새해 복 많이 받으세요. 부족한 제가 제26대 라스베가스 한인회를 이끌게 되어 저 스스로 막중한 책임을 느끼며 항상 봉사하는 자세로 일하겠습니다. 많은 지도와 협조를 부탁드립니다."

김 회장님께서는 회장 임기 시작과 함께 지난 1월 2일에는 지역 한인들께 떡국을 정성껏 대접했고 10일에는 많은 한인 동포의 축하 속에서 취임식이 알찬 내용과 함께 성대하게 거행되어 동포들에게 앞으로 한인회의 활동에 큰 기대를 갖게 했습니다. 그동안 한인 사회를 위해 많은 봉사를 해 오셨음에도 늘 자신을 드러내지 않고 말없이 겸손하게 일해 오신 것으로 압니다. 본인 소개를 부탁드립니다.

"저는 1962년에 출생했으며 서울 영등포 당산동이 고향입니다. 저의 아버님께서는 제주도가 고향이시고 6.25 전쟁 당시 일본에서 거주하시다 재일 학도의용군으로 전쟁에 참여하신 후 전쟁이 끝날 무렵 어머님과 결혼하셨고 제가 12살 때 일본에서 돌아가셨습니다. 저는 2남 4녀의 장남이고 현재 누님 두 분이 라스베가스에 살고 계십니다. 아내 김미경과는 1989년 1월 한국에서 결혼했으며 슬하에 아들 한 명이 있습니다.

저는 한국에서 서울공고 건축과를 졸업했고, 1983년 5월 미국으로 이민 왔으며 1989년 UNLV 호텔 경영학과를 졸업했으며 재학 중에는 한인 학생회장으로 활동했고 졸업 후에는 Alex Park Hotel & Holiday Inn에서 매니저로 근무했습니다. 현재 꽃집 'Flower Festival'를 26년째 운영하고 있으며 애터미 사업도 병행하고 있습니다."

저는 2004년 제17대 라스베가스 한인회장 선거관리위원장직을 맡아

일한 적이 있습니다. 당시나 지금이나 한인회에 대한 지역 한인들의 관심도가 그리 높지 않다고 봅니다. 그 이유는 어디에 있다고 보십니까?

"한인회가 그 지역 동포들로부터 크게 지지받지 못하고 있는 것은 대부분의 도시에서 나타나는 공통된 일로 보입니다. 물론 한인회와 동포사회가 화합되지 못하는 일차적인 책임은 한인회에 있다고 봅니다. 그러나 한인회의 의욕만으로도 안 되는 것이 동포사회의 화합입니다. 각 지역의 한인회가 그 지역을 대표한다고는 하나 실질적으로는 사업을 추진할 권한이나 재정적인 자체 능력이 없기에 순수 봉사단체 그 이상의 활동을 하는 데에는 한계가 있습니다. 그러므로 동포들의 관심과 참여가 절실한 상황이며 한인회가 '나를 따르라'는 방식보다는 한인회가 동포들의 활동을 적극적으로 지원하는 형태로 발전되는 것이 바람직하다고 봅니다.

예를 들어 한인회가 동포들의 각종 문화 활동과 관련해 지원과 홍보에 앞장서고 한인 가을 축제나 체육대회 등의 대규모 행사는 직접 주관하며 주류사회와도 적극적으로 교류해야 합니다. 아울러 사회복지 및 영어 지원에 신경을 쓰고, Local Business 하시는 분들께 주 정부가 요구하는 지원 서류 협조, 정보 제공에 힘쓰며, 한국에서 라스베가스를 찾는 방문객 특히, 기업들의 컨벤션 방문 및 booth set up과 통역 활동에 도움을 주면 Local Business를 하시는 분들께 경제적 효과가 있으며 한인회의 이미지에도 많은 도움을 줄 것으로 생각됩니다.

주류 사회에서 실시하는 인구센서스 및 선거 등에 적극적으로 참여케 하는 것도 한인 화합의 좋은 계기가 될 것입니다."

김 회장님께서는 어떤 이우로 한인회장에 도전하게 되었습니까?

"먼저 부족한 점이 많은 저를 한인회장으로 추천해 주신 주위의 많은 분들께 감사드립니다. 저는 좋은 한인 사회를 만들고 싶은 욕구가 있어 한인회장에 도전했습니다. 흔히 얘기하는 '사명감' 같은 그런 거창한 것은 아니고요. 이 어려운 시기에 한인 사회의 화합을 통해 한인들의 생활에 좀 더 큰 재미를 주고 싶었기 때문입니다. 정말 그렇게 하고 싶습니다."

'재미있는 한인 사회' 매우 가슴에 와닿는 말입니다. 김 회장님의 계획 잘 이루어지길 바랍니다. 제26대 라스베가스 한인회가 계획하고 있는 사업들은 어떤 것입니까?

"순회 영사 업무가 현재 연 4회 실시되고 있는데 이것을 동포들의 편리를 위해 연 6회로 늘리는 일에 힘쓰겠습니다.

3.1절, 메모리얼 데이, 광복절 등 한국의 기념일에 맞춰 각 단체와 연계해 공동으로 기념행사를 하며, 봄맞이 하이킹, 가을 한인축제 및 체육대회 개최, 그리고 골프 대회, 김치 행사 그리고 한글날 글짓기 대회

와 모범 학생 장학금 전달, 그리고 노인회와 연계하여 노인 아파트 방문 및 물품을 지원하고, 종교 단체와 연계하여 청소년 보호 활동 및 정체성 알리기와 재향군인회 지원 및 한국전쟁 미군참전용사 지원과 월남전 한국군인 참전용사 지원, 12월에는 라스베가스 동포 송년회 겸 노래자랑 등을 개최할 예정입니다. 특히 동포들의 문화 활동에 대해서는 아낌없이 지원과 홍보를 할 예정입니다."

현재 라스베가스를 포함한 클락 카운티 내 한인 인구는 얼마나 됩니까?

"지금 라스베가스 한인 인구의 정확한 숫자를 알 수 없지만 대략 3만 8천 명 정도로 추산하고 있습니다. 저희 한인회에서는 올 3월부터 한인 인구조사 및 시민권 소지 여부를 묻는 설문조사를 약 6개월 정도 실시할 예정입니다. 이 일에 동포 여러분들의 많은 협조를 부탁드립니다."

한인회 업무를 보는 사무실의 위치는 어디입니까?

"한인회 사무실은 스프링마운틴 로드와 디케로 블루버드 서쪽에 있는 아시안 퍼시픽 플라자 2층(5115 Spring Mountain Rd. Suite 201)에 자리를 마련했습니다.

이 사무실은 한인회, 노인회, 재향군인회, 월남참전전우회가 함께 사용합니다. 월요일부터 금요일까지 항시 임원들이 근무하며 영업 시간은 오전 10시부터 오후 5시까지입니다. 전화번호는 (702) 220-7040입니다."

김 회장님과 함께 한인회에서 일할 임원들을 소개 좀 해 주십시오.

"제26대 라스베가스 한인회 임원진은 다음과 같습니다.
부회장에는 박성민, 신디 최, 운영위원장에는 캐빈 김, 사무처장 지용승, 소피아 김, 회계 이재호 씨이며, 총 21명으로 구성된 한인회 이사회는 이사장에 정한수, 사무처장에 김진호 씨이며 상임고문에는 유문재 씨입니다."

김 회장님의 취미는 무엇입니까?

"특별하게 취미생활을 즐길 수 있는 시간이 많이 없었습니다. 가끔 골프와 여행을 즐깁니다."

인생을 어떻게 사는 것이 가장 잘 사는 것으로 생각하십니까?

"저는 인간은 늘 변해야 한다고 생각합니다. 변화 없이는 발전이 없기 때문입니다. 고정관념에 사로잡혀 자신의 단점이나 아집을 버리지 못한 채 반복하며 산다면 결국 후회스러운 삶을 살게 될 것입니다. 물론 지금 익숙한 편안한 삶에서 새로운 변화를 시도한다는 것 자체가 모험이고 때로는 위험한 일이기도 하지만 그래도 한 번뿐인 인생인데 최대한 변화를 시도하며 살아야 하지 않을까요?"

'한 번뿐인 인생 최대한 변화를 시도하며 살아야 한다'는 말씀에 크게 공감합니다.

연초에 바쁘실 텐데 인터뷰에 응해 주셔서 감사합니다. 끝으로 우리 동포들에게 인사 말씀 한마디 해 주십시오.

"저희 26대 한인회는 항상 봉사하는 마음과 동포들의 기대에 어긋나는 일들이 없도록 노력과 성의를 다하겠습니다. 부디 뜨거운 관심과 격려 그리고 힘을 보태 주십시오.

어떻게 보면 제26대 한인회는 1.5세대와 2세대가 연결되는 가교 역할을 하는 자리로 생각됩니다. 앞으로 여러분의 자녀와 후손들이 살아갈 라스베가스이기에 지금 우리가 좋은 풍토를 만들어야 할 것입니다."

긴 시간 동안 말씀해 주셔서 감사합니다. 제26대 라스베가스 한인회의 성공을 빕니다. (2023. 2. 3.)

김성심 서양화가

"그림의 아름다움이 우리 사회 곳곳으로
퍼져 갔으면 좋겠습니다"

3월입니다. 만물들이 저다다의 아름다움으로 뽐내기에 바쁜 계절입니다. 오늘은 본지 〈라스베가스 타임즈〉에 '김성심 그림읽기'를 연재하고 있는 서양화가 김성심 씨를 도시고 미술과 우리의 삶과 아름다움에 대해 말씀을 듣고자 합니다.

안녕하세요? 먼저 독자들게 인사의 말씀을 부탁드립니다.

"안녕하세요? 반갑습니다, 1월이 시작했나 싶었는데 벌써 3월입니다. 아름다운 계절인 봄을 맞아 독자 여러분의 평안과 행복을 기원합니다."

저희 신문의 많은 독자가 선생님의 미술칼럼 '김성심 그림읽기'를 즐겨 찾아 읽으며 필자에 대해 궁금해하고 있습니다. 본인에 대해 소개 좀 해 주십시오.

"저는 한국의 성균관대학교에서 건축공학을 전공했고 미국에서는 C.S.U.L.A에서 회계학을 전공하며 그림을 공부했고 World Mission University에서 상담심리학 석사 과정을 마쳤습니다.

아이들이 대학에 진학한 후 다시 그림 공부를 시작하였으며 '대한민국 현대여성 미술전'에서 특선과 입선을 네 번 했고 '국제 문인전'에서 입선을 하며 그림 공부를 열심히 하였고 우등생 명단에 오르는 행운을 가졌습니다.

은퇴 후에 상담심리학 석사를 공부했고, 지금은 정신건강상담소인 '등대'에서 상담봉사를 하고 있습니다.

이러한 봉사는 남을 위한 것이라기보다 오히려 나 자신을 돌아보는 기회가 되는 동시에 나의 비전을 확장하고 성장시키는 기회가 되고 있습니다. 여러 사람과 상담하며 다양한 생각과 의견을 수용하게 되었습니다. 타인에 대한 이해를 넓히고 나를 돌아보며 이러한 학습과 기회를 통해 나를 발전시키는 계기를 갖게 되어 감사와 기쁨으로 이 일을 감당하고 있습니다."

한국에서 건축공학을 전공하시고 미국에 오셔서는 회계학과 상담심리학 석사와 그림을 공부하셨습니다. 보통 사람이 한 분야의 공부를 하기에도 벅찬 것들을 모두 이루신 것 같습니다. 그림 공부는 어떤 계기로 하시게 되었습니까?

"어려서부터 그림을 그리고 스토리를 만드는 작업을 좋아했습니다. 그리고 아이들이 대학에 진학한 후 다시 그림을 그리고 전시회를 하면서 잊고 있었던 그림에 대한 열정을 찾았습니다. 2015년 〈월간 미술세계〉 창간 30주년을 기념하여 작고하신 기념비적인 작가들과 활동 중인 작가들을 소개하는 '미술 세계 명감' 5,000인에 이름을 올리는 행운을 갖기도 했습니다."

질문이 다소 추상적입니다만 아름다움이란 무엇입니까?

"아름다움이란 다소 주관적이고 상대적인 면이 있어 무엇이라 정의하기 힘들지만 '아름다움이란 조화로움'이 아닌가 생각합니다.
구름의 다양한 모습과 아름다운 색채에 감동하지만, 아름다운 구름이 진한 잿빛으로 변하여 매일 하늘과 풍경을 가리고 주위를 흐리고 어둡게 만든다면 우리의 마음은 구름의 아름다움보다는 햇빛을 그리워하는 마음으로 구름을 부정하는 마음이 강해질 것입니다.
동시대에서도 서양에서의 미(美)와 추(醜)의 구분은 동양과 전혀 반대인 경우가 있었고 시대의 흐름에 따라 아름다움의 기준과 취향이 바뀌기도 하기 때문에 미(美)란 균형과 조화가 시간의 흐름 속에 잘 어우

러질 때 아름답다고 생각합니다."

화가는 왜 그림을 그립니까?

"우리가 아름다운 풍경을 보고 감동을 받았을 때 그 감동을 이야기로 나누고, 사진을 찍어 친지들에게 보내는 행동과 크게 다르지 않다고 생각합니다.

시인이 마음에 감동을 받고 그 충만한 느낌을 시로 표현하거나, 혹은 작가가 표현하지 않으면 안 될 절실한 마음과 감정을 표현하는 것같이, 화가 역시 자신이 느낀 감동과 느낌의 아름다움을 그림으로 표현하여 그 순간을 간직하고 싶기 때문입니다."

미술 작품은 어떻게 감상하는 것이 좋은지 그것에 관해 말씀해 주십시오.

"우리가 자연을 편안하고 부담 없는 마음으로 감상하듯이 그림 또한 자연스럽고 편안한 마음으로 접근하면 된다고 생각합니다.

자연을 접하며 '아름답다!', '멋있다!'라고 감탄하듯이 느낀 감정을 그대로 받아들이면 됩니다.

우리가 자연을 볼 때 지식이 있어야 보는 게 아니라 그냥 보면서 아름답다, 좋다는 느낌을 가지듯 그림도 그냥 천천히 보며 자신의 감정을 느끼면 됩니다.

그림의 어떤 점이 좋고 마음에 드는지 또 어떤 점이 궁금한지를 생각하며 그림을 많이 접하고 자신의 궁금한 점을 책이나 인터넷에서 공부하고 그림에 대한 지평을 넓히며 자신의 시야를 넓힐 때 지적인 성취를 이루며 삶의 질을 높이고 풍요로운 삶을 살 수 있다고 생각합니다."

신문 칼럼은 언제부터 주로 어떤 내용으로 쓰시나요?

"미술 컬럼은 처음 성당 주보에 성화 이야기를 실으며 시작하였습니다. 중세 성화를 공부하며 그림에 대한 역사, 메타포, 상징들을 배우며 신앙뿐 아니라 문화와 예술에 대한 식견을 넓히는 기회가 되었으며, 이러한 배움을 주보를 통해 여러분들과 나누며 나눔의 기쁨을 배웠습니다."

저는 김 선생님께서 연재하시는 미술 칼럼을 재미있게 읽고 있습니다. 그 가운데 특히 윌리엄 블레이크, 구스타프 클림트, 에드바르 뭉크 등의 글은 제게 많은 영감을 주기도 했습니다. 김 선생님께서 특별히 좋아하시는 화가와 작품을 좀 소개해 주십시오.

"좋아하는 화가가 너무 많아서 누구라고 꼽아 말하기가 너무 어려운데 지금 생각나는 화가는 스페인의 호아킨 소로야(Joaquin Sorolla 1863~1923)와 러시아의 이삭 레비탄(Isaac Levitan 1860~1900)입니다. 두 작가 모두 어느 그림 하나 나무랄 데 없는 훌륭한 작품들입니다.

제가 특히 좋아하는 작품은 지중해 발렌시아의 햇살을 너무나도 생생하게 그린 소로야의 〈해변을 따라 달리기〉와 〈낚시에서 돌아오기〉, 그리고 러시아의 삭막한 풍경에 감성과 자연에 대한 깊은 사색을 담아 그린 레비탄의 무드 풍경화 〈영원의 안식 너머〉와 〈블라드미르로 가는 길〉인데 언제 보아도 생생한 감동을 줍니다."

김 선생님께서는 미술 칼럼 집필 외에도 그림 지도와 그림 치료, 심리 상담 등을 계속 활동하고 계시는 것으로 압니다. 그 일들에 관해 말씀 좀 해 주십시오.

"지인의 소개나 상담소를 찾는 분들을 상담하며, 여러분들과 이야기하고 상담하며 넓은 세계를 보고 들으며 그분들을 돕기도 하지만 오히려 더 많은 생각과 지혜를 얻고 앞으로 나아가는 삶을 살 수 있는 지혜와 용기를 배우게 됩니다."

인간이 어떻게 사는 것이 가장 잘 사는 것이라고 생각하십니까?

"자신을 있는 그대로 수용하고 자기를 이해하고 사랑함으로써 주위에 사랑을 전하며, 자기 자신에게 주어진 재능과 능력을 최대한 활용하여 지속적인 성장을 지향하는 삶이라고 생각합니다."

그림 외 취미는 어떤 것입니까?

"독서와 하이킹을 즐겨합니다."

끝으로 독자들에게 꼭 해 주고 싶으신 말씀이 있다면 해 주십시오.

"우리가 삶이 지치고 힘들 때 나무가 많은 숲속에서 평화롭고 안정된 느낌을 받듯이, 전혀 생각지 못한 명화를 보며 색채와 선의 아름다움에 감탄하고 그 속에 숨어 있는 의미와 작가의 메시지를 통해 큰 힘을 얻기도 합니다. 그리고 그림을 볼 때마다 다르게 다가오는 그림의 아름다움은 클래식이 왜 우리의 삶에 가까이 있어야 하는지를 알게 해 줍니다.

독자 여러분께서도 좋아하는 그림을 자연을 대하듯 자주 접하여 나의 감정에 가까워지고 감상 능력을 조금씩 발전시켜 지적인 성취를 맛보며 삶의 풍요와 충만함을 키워 가는 의미 있는 삶을 살아가시길 바랍니다.

그림의 아름다움을 통해 나를 좀 더 이해하고 사랑하여 그 사랑이 우리 주위를 따뜻하게 만들 수 있었으면 좋겠습니다. 감사합니다."

예술에 관한 얘기라 인터뷰가 다소 딱딱할 것으로 생각되었지만 김 선생님께서 긴 시간 동안 쉽고 편안하게 말씀해 주셔서 예정된 지면이 금방 다 채워졌습니다. 앞으로도 우리 사회를 위해 컬럼과 그림 지도와 상담과 좋은 작품 활동을 계속해 주실 것을 부탁드립니다. 감사합니다. (2023. 3. 10.)

조광세 미주한인지도자협의회장

"끝없는 도전, 영원한 개척자"

존재하는 모든 것은 어떤 형태로든지 그 주변에 영향을 끼친다고 생각합니다. 그래서 우리는 내 곁에 누가 있는가에 따라 나의 생활과 가치관과 행복까지도 바뀌게 됩니다. 사회나 국가 또한 한 개인의 노력으로 인해 크게 변할 수 있습니다.

오늘은 평생을 이웃과 사회를 위해 헌신하며 살아오신 영원한 개척자, 현 미주한인지도자협의회 조광세 회장님을 모시고 말씀을 듣고자 합니다. 안녕하세요? 먼저 우리 독자들에게 인사의 말씀 부탁드립니다.

"〈라스베가스 타임즈〉 독자 여러분 안녕하세요? 봄기운이 가득한 4월입니다. 요즘은 일교차가 크니 건강 잘 챙기세요. 4월은 꽃씨를 심는 달이므로 꽃씨와 함께 행복의 꽃씨도 많이 심으시길 바랍니다."

지면이 많지 않기에 서둘러 여쭙겠습니다. 회장님께서는 지금까지 수많은 사회봉사 단체와 연계해 일을 해오셨는데 어떻게 이러한 일을 시작하게 되셨는지요?

"저는 충청남도 금산에서 태어나 그곳에서 성장했습니다. 당시는 요즘과 달리 모두가 가난했기에 먹고 사는 것이 매우 절실한 시대였습니다. 제가 어릴 때 저의 할아버지께서 면장에 출마하셔서 선거 운동을 하는 누나 뒤를 쫓아다닌 적이 있는데, 그런 일들을 통해 당시 어려운 농촌 환경을 좀 더 많이 알게 되었습니다. 그래서 26세에 서울에서의 대학 공부와 군 복무를 마치고 바로 고향으로 내려가 농촌부흥운동을 했습니다. 당시 국가 차원에서 시행되고 있던 재건국민운동의 복수면 위원장을 맡아 저축운동의 일환인 마을금고를 조직해서 큰 성과를 거두었고 금산군 조직부장을 겸하면서 농한기에 군 관내 마을 좌담회 등을 통해 가난에서 벗어나기 위한 노력을 했습니다.

그러다 28세에 복수 단의농업협동조합 조합장이 되어 농촌개발사업에 적극 노력한 결과 전국 최우수 조합으로 뽑혀 정부로부터 특별 지원금을 받아 종합개발사업을 활발히 추진할 수 있었습니다. 농민들의 소득이 증가하는 것을 보며 큰 보람을 느꼈습니다."

28세에 농업협동조합장이 되셨다는 말씀이 시골에서 자란 저에게는 매우 신기하게 느껴집니다. 왜냐하면 농업협동조합장은 대부분 50대 후반의 지역 어른들이 하시는 것을 제가 봐 왔기 때문입니다. 20대 농업협동조합장? 그런 경우가 많습니까?

"없지요. 어쩌다 도청에서 회의가 있어 참석하면 저를 잔일이나 하는 청년으로 오해하고 심부름시키는 경우도 가끔 있었습니다." (웃음)

재미있는 에피소드이군요. 농협 일은 얼마 동안 하셨습니까?

"세 번 연임했습니다. 제 나이 30세가 되던 1978년에는 제4공화국에서 실시했던 통일주체국민회의 총선거에 당선되어 대의원으로 활동하기도 했습니다."

회장님께서는 젊은 나이에 '재건국민운동 복수면 위원장' '복수 단위농업협동조합 조합장' '통일주체국민회의 대의원' 등을 지내셨는데, 이것은 우리 사회를 더 잘살게 하고자 하는 간절한 열망이 있었기에 가능했던 일로 생각됩니다. 그 후에 이민하게 되신 건가요?

"아닙니다. 저도 미국에서 아이들을 잘 키워 보겠다는 계획으로 1980년 미국 이민을 결심하고 일단 고향을 떠나 대전으로 이사하였는데 비자를 무작정 기다리고만 있을 수 없어 대학에서 전공했던 것을 써먹느라 1982년 세운건설(주) 상무이사, 1984년 태성건설 대표, 1985년 동인약품공업주식회사 대표이사로 일하던 중 1988년 미국으로 이민하게 되었습니다."

미국에 오셔서는 어떤 일을 하셨습니까?

"대부분의 이민자가 그러하듯이 저도 이민 초에는 언어적, 문화적, 경제적으로 많은 어려움을 겪으며 지냈습니다. 그러다 운 좋게도 청소대행업체인 'Golden Pacific Maintenance'를 창업해 그것이 잘되어 꿈꿔 왔던 여러 가지 사회 활동도 활발히 하게 되었습니다."

미국 오셔서 활동하셨던 단체와 직함 그리고 시기를 간단히 말씀해 주십시오.

"1996년 파이오니어 라이온스 회장, 1997년 샌디에이고 상공회의소 부회장, 1998년 샌디에이고 한인회 회장, 1999년 민주평화통일자문회의 자문위원(9, 10, 11, 13, 14, 15대), 2000년 〈라디오 서울〉 설립, 2002년 미주한인회 총연합희 서남부연합회 재창립 3대 회장, 2006년 〈한인뉴스〉 인수, 2008년 샌디에이고 단체장협의회 초대 회장, 2015년 미주한인지도자협의회 혁장, 2018년 자유총연맹 샌디에이고 지부회장, 2019년 미주한인회총연합회 총괄수석부회장, 2020년 대한민국 통일부 산하 통일교육위원회 교육위원, 2022년 미주한인지도자협의회 총회장

등입니다."

우와! 정말 대단하십니다. 미주 지역뿐 아니라 미주 한인 전체를 대표하는 단체와 대한민국의 평통과 통일교육위원으로도 활동하셨으니 참으로 놀랍고 존경스럽습니다.

최근 우리 라스베가스에도 지부가 설립되었고 활발하게 활동하시는 '미주한인지도자협의회'에 대해 소개 좀 해 주십시오.

"미주한인지도자협의회는 미주 내 한인들의 권익 신장과 2세 교육 지원 등을 목표로 2016년 창립되어 현재 하와이를 포함한 미 전역에 18개 지부가 있습니다.

주요 사업 중의 하나로 미국 대통령 자원봉사상 위원회로부터 대통령상 위촉 기관으로 승인받아 미주 내 각 지역에서 봉사를 통해 타의 모범이 되는 한인을 대상으로 상을 수여하고 있습니다.

라스베가스 내 한인 학생 가운데 열심히 사회봉사 활동을 하는 학생들이 있다면 저희 단체의 웹사이트에서 구체적인 내용을 알아볼 수 있습니다. 이 상은 학생들에게 사회봉사 정신을 키워 주는 한편 대학 진학 시 가산점을 받게 되므로 입시에 유리한 조건을 갖추게 됩니다.

라스베가스 지도자협의회에서는 오는 6월 27일 지역 단체장들을 초청한 가운데 '2023년 대통령 봉사상 시상식'을 가질 예정입니다."

지금까지 살아오시면서 가장 감동적인 순간이 있었다면 언제입니까?

"제 인생의 황금 시기는 복수면 농업협동조합장 시절이라고 말할 수 있습니다. 1973년 지역종합개발사업이 진행되고 지역 농민들의 가정에 TV와 냉장고 등이 들어가는 변화를 보며 행복했습니다. 겨울밤 농촌 좌담회를 마치고 집으로 돌아올 때 언덕 위에서 들판을 내려다보면 온 들녘이 비닐로 덮여 파도가 치는 것 같은 착각으로 보람찬 희열감을 느낄 때가 많았습니다."

가족 소개를 좀 해 주십시오.

"아내 조경분 권사와 1남 동혁(신장내과 전문의 조동혁(Charles Cho), M.D.)과 2녀 은형, 은정이가 있습니다. 저는 아내 얘기만 나오면 늘 미안한 마음뿐입니다.

결혼 초 농촌 운동을 한다며 5년만 고향에서 지내자 해 놓고 10년을 그렇게 살았습니다. 늘 인내하고 아이들 잘 키워 준 아내에게 남은 여생 다해 사랑해도 모자라겠지요."

취미와 종교 활동에 관해 말씀해 주십시오.

"저희 집안은 12대 조부를 모시는 전통 유교 집안이었습니다. 대학 시절 기독교 서클에 관여하면서 처음 교회에 나갔고, 미국에 와서는 큰 형수님 집안이 독실한 기독교 가정이라 저희도 함께 열심히 신앙생활을 했습니다. 지금은 라스베가스 중앙교회 장로로 시무하고 있습니다."

인생의 좌우명이 있으시다면 소개해 주십시오.

"끝까지 노력하고, 끝까지 인내하고, 모든 일에 겸손하자!'입니다."

오늘 귀한 말씀을 해 주셔서 감사합니다. 앞으로도 우리 한인 사회를 위해 더 많은 활동을 부탁드립니다. 끝으로 우리 〈라스베가스 타임즈〉 독자들에게 덕담 한말씀 부탁드립니다.

"독자들에게 드리는 덕담을 박목월의 시 「사월의 노래」 첫 연으로 대신합니다."

　　사월의 노래
　　　　　　　　박목월

　　목련꽃 그늘 아래서 베르테르의 편질 읽노라
　　구름꽃 피는 언덕에서 피리를 부노라
　　아 아 멀리 떠나와 이름 없는 항구에서 배를 타노라

돌아온 사월은 생명의 등불을 밝혀든다

빛나는 꿈의 계절아

눈물어린 무지개 계절아

대단히 감사합니다. (2023. 4. 7.)

전용복 여행 칼럼니스트

"거침없는 삶! 행복한 삶!"

5월 꽃의 계절입니다. 세상의 모든 꽃이 저마다의 아름다움을 지니듯 이 땅에 존재하는 모든 생명체 또한 저마다의 가치와 꿈을 가지고 삽니다.

오늘은 본지 라스베가스 타임즈에 〈라스베가스에서는...〉이라는 코너를 통해 라스베가스뿐만 아니라 세상의 모든 아름다움을 소개하고 있는 칼럼니스트 전용복 선생을 모시고 말씀을 듣고자 합니다. 먼저 독자에게 인사의 말씀을 부탁드립니다.

"안녕하세요? 즐거운 5월이 되시길 바랍니다. 우리 모두 저 산 너머의 행복을 추구하지 말고 우리의 마음속에 있는 행복을 찾으며 사랑하는 가족과 친구와 함께 행복하게 살았으면 좋겠습니다."

전 선생께서 매회 쓰시는 〈라스베가스에서는...〉는 소재가 다양하고 글에 거침이 없어 글을 읽는 독자들이 필자에 대해 궁금해하는 사람이 많습니다. 본인 소개를 좀 해 주십시오.

"저는 서울 신촌에서 태어나 중동고등학교, 외국어대학교를 중퇴했고 1968년 당시 좋은 직장으로 손꼽던 은행(상업은행)에 입사하여 그곳에서 지금의 아내를 만났습니다.

은행 재직 당시인 1970년 장충체육관에서 상업은행과 제일은행의 농구 결승전이 있었는데 그때 제가 떠밀리다시피 하여 앞에 나가 응원을 이끌었는데 그것을 계기로 제가 사내 응원단장이 되었고 나중에는 새로 창단한 상업은행 축구팀의 매니저 일까지 맡아 했습니다."

활달한 성품은 타고나신 것 같습니다. 응원단장, 축구팀 매니저, 결코 쉬운 일이 아닐 텐데 이전에 그런 활동을 하신 적이 있었습니까?

"제가 양정중학교 연극반 활동과 응원단장을 했었고, 축구 선수로도 뛰었기에 어느 정도는 가능했습니다. 다 옛날이야기입니다."

은행 일은 얼마 동안 하셨는지요? 그 후 바로 미국으로 오신 것인가요?

"상업은행에서는 7년간 근무했습니다.

은행 퇴임 후에는 당시 해외 건설 붐이 한창일 때라 동산토건(두산건설)에 입사하여 아랍어를 구사하는 장점 덕에 이집트 카이로에서 3년간 As-Salam International Hospital 건설 공사의 현지 한국인 노무관리 총책임자로 근무하다가 1985년 Salt Lake Utah로 이민했습니다."

은행 영업부 사원이 응원단장이 되고, 축구팀 매니저가 되고, 급기야 중동의 사막 한가운데서 일을 하다가 이번엔 겨울철 눈이 많이 내리는 미국 솔트레이크 시티로 이민했습니다. 정말 말씀을 듣는 것만으로 제 머리가 어지럽습니다. 어떤 계기로 미국에 오셨습니까?

"Weber State 대학의 체육과 교수와 주유소를 운영하던 동서의 초청으로 올 수 있었습니다. 우리 가족은 몰몬의 본고장인 솔트 레이크에 입성해 미국 Grocery에 동양 마켓을 추가로 오픈하여 17년간 영업하였으며 저도 틈틈이 Weber 대학에서 필요한 공부를 했습니다.

저희가 살았던 Laton City UT는 미국의 4대 공군 비행장 중의 하나가 있는 곳으로 마켓은 한인과 몰몬 선교사들이 많이 이용했지만 저희는 몰몬 교회가 아닌 한인 교회에 출석하다 보니 배타적인 주민들로부터 발생하는 약간의 사업적 어려움도 있었지만 잘 지낼 수 있었습니다. 그곳에서 여행, 등산, 사냥, 골프 등을 즐기며 좋은 시절을 보냈습니다. 민감한 나이에 있는 자녀들을 교육하기에는 참 좋은 도시였습니다."

그리고 라스베가스로 오시게 된 겁니까?

　"둘째 딸이 Delta 항공사에 입사하게 되어 가족이 모두 라스베가스로 왔습니다. 저는 처음 Primm Valley Hotel에서 1년간 호텔 경력을 쌓은 후 현재의 시저스 엔터테인먼트로 옮겨 17년째 근무하고 있습니다."

　이곳에서도 타고난 활동력을 결코 멈추지 않으셨을 것 같은데.

　"(웃음) 그저 열심히 재미있게 일하고 있습니다. 그동안 우수한 직원에게 주는 상을 세 번 받았고, 호텔 내 우수한 근무 성적과 다음 블로그(Daum Blog) 활동을 인정받아 Caesars Award of Excellence 시상식에서 '시저스 엔터테인먼트 라스베가스 홍보대사'로 뽑히기도 했습니다. 또 한글로 작성되는 블로그 운영과 지역 주간신문에 생활, 여행에 관한 칼럼을 수년간 계속해서 쓰고 있습니다."

　블로그 활동은 언제부터 했으며 글의 소재와 그동안 쓰신 글의 분량은 얼마나 됩니까?

　"다음 블로그를 개설하여 블로그 활동을 시작한 것은 라스베가스로 이주한 후부터입니다. 유타에 있을 때는 그곳 한인회보에 여행안내를 연재하기도 했습니다.

다음 블로그에는 2013년 12월부터 2022년 8월까지 약 10년간 썼으며 이 사이트가 지금은 'TISTORY'로 바뀌었습니다. 라스베가스 지역 신문은 '한인신문', '베가스 한미뉴스' 등에 썼고 지금은 '라스베가스 타임즈'에 연재하고 있습니다.

글의 소재는 다양합니다. 베가스 문화 예술 공연 안내, 카지노 & 호텔 소개, 미국 국립공원 안내, 세계 여행지 소개, 레스토랑 소개, 사냥, 등산, 낚시 등의 취미 생활 안내 등입니다. 그동안 써온 블로그 글은 450여 편이 넘으며 구글(Google)에 올린 제 글 가운데는 방문자가 3백만가량인 글도 있습니다."

저도 부족하지만, 지금까지 신문에 쓴 칼럼이 500여 편인데 신문 칼럼이라는 것이 대부분 마감 시간에 쫓겨 쓰기에 그 어떤 글쓰기보다 스트레스가 많고 피를 말리는 작업이라고 생각합니다. 이것을 어떻게 조절하시는지요?

"신문 마감 시간에 맞춰 글을 쓴다는 것이 그렇게 어려운 일인지 정말 몰랐습니다. 더군다나 직장 생활까지 하면서 글을 쓰려니 더더욱 힘이 들었습니다. 처음에는 아내가 적극 만류하기도 했지만 다행히도 지금은 제 글을 읽고 수정하고 때로는 필요한 사진까지 찍어 주고 있어 한결 쉽게 진행하고 있습니다."

여행에 관해 남다른 경험이 많으실 것 같은데 소개 좀 해 주십시오.

"1980년 초 이집트에서 근무할 때 틈틈이 아랍 말을 타고 피라미드 뒤쪽 사막을 질주하는 일에 미쳐 3년을 보냈습니다. 몇 번 낙마도 했지만 다행히 죽지 않고 지금까지 살아 있습니다.

승마 기술을 습득한 덕분에 유타에서는 엘크, 사슴 사냥에 미쳐 고산에서 말을 타고 사냥하는 것을 좋아했는데 엘크 사냥은 어느 정도 전문가의 수준에 있다고 자평합니다. 남들이 평생 한 마리도 잘못 잡는 엘크를 저는 지금까지 무려 13마리나 잡았습니다. 모든 열정을 쏟아 한 방의 굉음과 함께 사냥에 성공하는 그 순간은 남자가 느낄 수 있는 최고의 희열입니다."

전 선생께서 쓰신 글을 보면 매우 가정적인 것을 느낄 수 있습니다. 가족을 좀 소개해 주십시오.

"저는 '가정이 천국이다'라는 말을 100% 공감합니다. 제게도 가정이 가장 소중합니다. 금년이 저와 제 아내 김정실의 결혼 50주년이 되는 해인데, 우리는 외부에 공개할 수 없는 둘만의 은밀한 계획을 가지고 있습니다.

두 딸이 있는데 큰딸은 Health tech solutions의 Senior Consultant로 근무하고 있고 둘째 딸은 델타 항공사에서 근무하고 있으며, 중고등학교에 다니는 손주가 세 명 있습니다."

앞으로의 계획에 대해 한말씀 주십시오.

"건강이 허락하면 현 직장에서 일 년 정도 더 일한 후 은퇴하여 시간적인 여유를 갖고 다양한 독자층이 읽을 수 있는 글을 쓰고 싶습니다. 문화 예술도 좀 여유 있게 즐기고요. 배 원장님께서 하시는 '100인 합창 연주회' 등의 음악회, 강좌도 찾아가고요. 물론 여행은 틈틈이 할 생각입니다."

끝으로 우리 독자에게 하고 싶으신 말씀이 있으면 한말씀 주십시오.

"인간의 능력은 무한합니다. 우리 모두 자신에게 맡겨진 일을 기쁘게 감당하며 삽시다.

"눕자!", "자자!", "더 눕자!"고 하는 것은 우리의 건강을 아주 망칩니다. 인간은 움직여야 합니다. 일은 곧 나의 활력소이며 바로 내 건강의 증거입니다.

저는 지금까지 살아오면서 일손을 놓아 본 것이 COVID-19로 1개월, 이민 준비로 두산건설에 사직서를 내고 쉬었던 2개월이 전부입니다.

모든 일에 최선을 다하고 매사에 성실하고 언제나 남을 배려하는 마음으로 산다면 자신뿐만 아니라 우리 사회 전체가 행복해질 것입니다."

긴 시간 동안 말씀해 주셔서 감사합니다. 늘 건강하시고 더 활발한 활동을 기대합니다. (2023. 5. 5.)

노은아 성악가, 소프라노

"노래 속에서 행복을 찾는다"

유월이 시작되었습니다. 우린 이제 시원한 가을바람이 불 때까지 라스베가스의 뜨거운 날씨와 함께 살아야 합니다. 그러나 피할 수 없는 현실이라면 그 가운데서 즐거움을 찾는 지혜를 가져야 할 것입니다. 오늘은 이스트 트로피카나에 위치한 위트니 라이브러리(Whitney Library)로부터 초청받아 지난 1월과 5월 두 차례 독창회를 개최한 소프라노 노은아 씨를 모시고 말씀을 듣고자 합니다. 안녕하세요? 지난번 연주 아주 잘 들었습니다.

"안녕하세요? 귀한 지면에 초대해 주서서 감사합니다. 지난번 저의 독창회에 참석해 주신 것도 감사드리고요."

저도 지금까지 십여 차례 라스베가스 내 라이브러리에서 합창 연주 등을 했는데 그 사용 신청 과정이 결코 쉽지 않았습니다. 라이브러리 측으로부터 연거푸 두 번이나 공식 초청을 받아 독창회를 하셨다는 사실에 한인의 한 사람으로서 매우 기쁩니다. 어떻게 이루어진 것인가요?

"처음 이곳 라스베가스로 이주해 와서 독창회를 하려고 대관을 알아보던 중 우연히 휘트니 도서관 아트홀의 담당자를 만나게 되었습니다. 저에 대해 간단히 설명해 드렸더니 초청연주로 한번 해 보는 건 어떻겠냐고 해서 1월에 'First Love(첫사랑)'라는 주제로 독창회를 성황리에 마쳤습니다. 생각보다 많은 분이 좋아해 주셨습니다. 그리고 5월 'Asian-American month'를 맞아 다시 한번 해 달라는 요청이 있어 지난달 23일 두 번째 독창회를 했습니다."

어떻게 성악을 전공하게 되었습니까?

"저는 어릴 때 매우 소심하고 내성적이어서 제 어머니께서 저의 성격 개조와 사회성 개발을 위해 저를 합창단에 보내셨습니다. 그런데 저는 합창단에서 노래하는 것이 너무 즐거웠습니다. 제게 노래에 대한 재능이 조금 있다는 것을 알았고요. 노래가 주는 행복감과 성취감은 이루 말할 수 없었습니다. 그래서 저는 그때부터 성악가가 되겠다는 꿈을 가졌습니다. 지금 이렇게 그 꿈이 이뤄졌지만 되돌아보면 집안의 반대도 있었고 공부하는 과정도 결코 쉬운 것만은 아니었습니다."

본인의 공부 과정과 활동에 관해 말씀해 주십시오.

"저는 미국 가톨릭대 연주학 박사(성악 전공)와 이태리 베니아미노 질리 & 로렌쪼 디 메디치에서 디플롬을 취득했습니다. 뉴욕 카네기홀 데뷔, 미국 국방부 초청연주, 내셔널 프레스클럽 초청연주를 했으며, 노던버지니아 커뮤니티 주립대학교 음악과 교수를 6년간 역임했습니다.

IYMC 국제콩쿠르 대상, 국제콘서트아티스트 콩쿠르 2위, 제6회 한국 성악콩쿠르 2위, 미국 피츠버그 콩쿠르 준우승, 미국 듀케인 콘체르토 콩쿠르에서 우승했으며, 오페라 〈버섯피자〉, 〈라 트라비아타〉, 〈피가로의 결혼〉, 〈마술피리〉 등에 출연했습니다.

베토벤의 〈합창 교향곡〉과 헨델의 〈메시아〉에서 소프라노 솔로이스트로 협연했으며, 서울 예술의전당 콘서트홀, 서울 영산아트홀, 백령아트홀 등의 무대에서도 연주했습니다.

저는 개인적으로 가곡보다는 오페라 쪽 성향이어서 오페라 아리아를 더 즐겨 연주합니다. 저의 소리는 '리릭 콜로라투라(Lyric coloratura)'인데 이것은 서정적이면서도 화려한 테크닉을 구사하는 소프라노를 말합니다."

가장 좋아하는 오페라와 아리아는 어떤 것입니까?

"좋아하는 오페라는 모차르트의 〈마술피리〉, 〈피가로의 결혼〉 베르디의 〈라 트라비아타〉 등이고, 좋아하는 아리아는 제가 즐겨 연주하는 오펜바흐의 〈호프만의 이야기〉에 나오는 아리아 '인형의 노래', 베르디의 〈라 트라비아타〉에 나오는 비올렛타의 아리아 '아, 그이인가?(Ah fors'e lui)' 등입니다."

전문 성악인으로서 현재 성악을 공부하고 있는 학생들에게 들려주고 싶은 얘기가 있으시다면?

"오래전 이태리에서 공부할 때 마에스트로 리카르도께서 하신 말씀이 기억납니다. 성악의 대가가 되려면 타고난 소리, 정확한 딕션, 똑똑한 머리, 외형적인 부분, 성실함, 끈질김, 부모님의 서포트, 그리고 연주를 할 수 있는 환경 등이 갖추어져야 한다고 하셨습니다. 그런데 사실 이런 모든 것을 갖추는 것은 정말 쉽지 않습니다. 물론, 다 갖추면 금상첨화겠지만, 저는 본인의 의지와 열정이 가장 중요하다고 생각됩니다."

모든 사람은 다 노래를 잘 부르고 싶어 합니다. 어떻게 하면 노래를 잘 부를 수 있을까요?

"모든 음치는 보컬 트레이닝에 의해 어느 정도 개선될 수 있습니다. 그리고 본인 소리의 음역을 잘 찾아서 가장 편안한 음역에서 노래 부르는 것이 중요합니다.

　소리는 입에서 나오고, 듣는 것은 귀로 듣지요. 입은 앞쪽에 있고, 귀는 뒤쪽에 있어요. 그 얘기는 본인 스스로가 본인의 소리를 정확히 듣고 평가를 할 수 없다는 것입니다. 그래서 혼자 연습하는 것보다는 내 소리를 객관적으로 들어 주고 고쳐 줄 수 있는 보컬 코치 선생님께 어느 정도 레슨이 필요합니다."

　이제 제가 준비한 지면이 거의 다 채워져 가는 것 같습니다. 끝으로 앞으로의 계획에 대해 말씀해 주십시오.

"저는 2022년 남편 박해진 씨와 함께 동부에서 이주해 현재 헨더슨에 거주하고 있지만 '보컬 아티스트 매니지먼트(VAMS)' 소속 성악가로 미국 전 지역에서 연주 활동을 하고 있습니다.

　그리고 체계적이고 전문적인 성악 공부를 희망하는 사람들을 위해 라스베가스에 'Dr. Roh Classical Voice Academy'를 개원해 열심히 티칭을 하고 있으며 많은 문의가 있어서 피아노 개인레슨도 필요시 같이 진행하고 있습니다.

　저희 아카데미에서는 연 2회의 리사이틀과 마스터클래스를 진행할 계획이며, 각 개인의 특성에 맞는 맞춤형 발성 지도와 각자의 소리와 캐릭터에 부합하는 다양한 장르의 성악 레퍼토리를 익히는 훈련을 통하여 재능과 열정이 있는 성악인을 발굴하고 발전시키는 것이 저의 목표입니다. 혹, 성악 및 피아노 레슨에 관해 궁금한 것이 있는 사람은 이메일 info@eunahroh.com으로 문의해 주시면 성심껏 답해 드리겠습니다. 오늘 초대해 주셔서 감사합니다."

계획하신 일들이 모두 잘 이루어지길 바랍니다. 그리고 소프라노 노은아 씨로 인해 라스베가스 한인 사회가 노래가 풍성하고 공연 문화가 활발한 사회가 될 것을 기대합니다. 좋은 말씀 대단히 감사합니다. (2023. 6. 9.)

신일수 연극학자, 한양대 명예교수

"연극을 사랑하게 되면 세상을 향해
큰 꿈을 꿀 수 있습니다"

저는 얼마 전 어느 연주회에서 특별한 분을 한 분 만났습니다. 그분의 성함과 활동은 이미 오래전부터 알고 있었기에 그 순간의 감동이 매우 컸습니다. 오늘은 그 감동의 주인공이신 신일수 한양대 명예교수님을 모시고 말씀을 듣고자 합니다. 안녕하세요? 오늘 모시게 되어 영광입니다.

"귀한 지면에 초대해 주셔서 감사합니다. 지난번 힐링콰이어의 연주는 참 좋았습니다. 합창단과 청중이 함께 맞물려 세련되게 진행되는 것을 보며 라스베가스 한인들의 높은 수준을 느낄 수 있었습니다."

과찬입니다. 먼저 우리 독자들에게 교수님의 활동을 소개하고자 합니다. 교수님께서는 중앙대학교 연극영화과 졸업, 브리감 영 대학교 대학원

연극학과 석사, 박사, 위스콘신 주립대학교 조교수 및 대학극장장, 남조지아 주립대학교 부교수 및 대학극장장, 한양대학교 연극영화과 교수 및 인문대 학장, 한국무대미술가협회 부회장, 국제극예술협회(ITI) 아시아 대표 및 한국본부장, OISTAT(국지 무대미술, 극장건축, 무대기술협회) 한국본부 회장, 서울시 국제연극제 집행위원, 한국연극교육학회 회장, 한국연극협회 이사, 수원화성국제연극제 집행위원장, 서울시 극단장, 국립예술자료원 이사장 등을 지내셨습니다. 정말 한 개인의 이력이라고는 믿기지 않을 정도로 많은 일을 하셨습니다.

"다 지나간 시간이고, 지나간 일들입니다. 그러나 연극과 인생을 사랑하는 나의 마음은 아직도 계속되고 있습니다."

어떤 계기로 대학 입학 시 연극영화과를 선택하셨고, 또 연기자가 아닌 연극학자로 활동하시게 되었는지요?

"나는 청소년 시절 문학도였습니다. 당시에는 전국 고등학생 문예현상작품 모집에 당선되거나 전국 백일장에서 입상하면 대학 특례 입학 제도가 있었습니다. 나는 1965년 제6회 학원문학상 최우수작에 당선되었고 대학 백일장에 참가해 장원에 뽑히기도 했습니다. 대부분의 대학이 문예 입상자의 입학 시 장학금과 함께 국문과 입학을 조건으로 내걸었는데 중앙대학교만은 그 제한이 없었기에 연극영화과에 입학했습니다. 나는 어릴 때부터 연극에 대한 관심이 매우 높았습니다.

그런데 입학하고 보니 나의 억양이 강한 사투리가 공부하는 데 큰 방해가 되었습니다. 그때 한 교수님께서 '자네는 시를 쓰니 희곡 작가나 연극 이론가가 되면 좋겠다'고 권해 연극학을 전공하게 되었어요. 당시 연극학을 전공한 사람이 거의 없었기 때문에 대학에서도 내게 장학금을 지급하면서까지 미국 가서 연극학을 공부하고 오라고 했지요."

그래서 미국 유학을 마치고 돌아오셨군요.

"미국에서 석, 박사 공부를 마쳤을 때 모교인 중앙대학교에 큰 변화가 있었어요. 그것은 중앙대학교와 서라벌예술대학의 합병이었습니다. 중앙대학교가 서라벌예대를 흡수하는 방식이었는데 그 조건 중의 하나가 서라벌예대 교수를 중앙대학교가 전원 받아들이는 것이었어요. 이제 공부를 마치고 모교에 가서 학생들을 가르치겠다는 나의 계획에 차질이 생긴 거지요. 그래서 미국의 위스콘신 주립대와 남조지아 주립대에서 조교수와 대학극장장을 지내며 활동하다가 한양대학교 교수 모집 공고를 신문에서 보고 지원해 한국으로 돌아갔습니다. 미국 생활 18년을 정리하고 갔지요."

귀국 당시의 한국 연극계의 상황은 어땠습니까?

"1983년 귀국 당시 한국 연극계는 공연이 그렇게 활발하게 이뤄지지는 않을 때였어요. 국립극장, 세종문화회관, 예술의전당, 대학로 문예회관, 시민회관 등등이 명맥만 이어 갈 정도였고 대학로에서 소극장 몇 곳이 연극의 활기를 불어넣고 있었어요."

어느 잡지에서 교수님을 향해 제자들이 '가장 무섭고, 가장 학점이 짜고, 가장 고마운 선생님'이라고 표현했던 것을 기억합니다. 제자들도 대단히 많을 것 같습니다.

"많지요. 한양대학교에서 교수와 인문대 학장을 하면서 가르쳤고, 중앙대학교와 동국대학교에 가서도 강의를 했어요. 문화관광체육부 장관을 지낸 유인촌을 비롯하여 김상중, 유지인, 배종옥, 이영애, 유오성, 설경구, 이문식, 박미선, 조혜련, 이정은 등 셀 수 없이 많습니다."

그중 기억에 남는 제자 한 명을 꼽는다면 누구를 얘기하시겠습니까?

"한양대에서 가르친 이정은입니다. 2019년 영화 〈기생충〉으로 청룡영화상을 포함한 여러 상을 받았고, 또 2020년 〈한 번 다녀왔습니다〉를 통해 KBS 연기대상 장편드라마 부문 여자우수연기상을 받았던 이정은 정말 성실하고 내공이 깊은 연기자입니다. 재학 당시 학생 대표를 맡았는데 강의가 잘 이루어지도록 일찍부터 나와 혼자서 많은 것을 다 준비했습니다. 그런 학생을 처음 봤습니다."

　갑자기 이런 질문을 드려 죄송합니다만 연극이 뭡니까? 배우는 왜 연극을 합니까?

　"연극은 소통(Communication)입니다. 인간과 인간, 인간과 자연, 인간과 신(神) 사이에 쉬지 않는 소통입니다. 그래서 배우는 소통을 위한 대리인의 역할을 해낼 수 있어야 합니다. 그리고 그것을 위해 끝없이 노력해야 합니다."

　저는 2002년부터 2006년까지 매년 라스베가스 한인들을 모집해 가까운 유타주 Cedar City에서 열리는 '셰익스피어 연극축제'를 다녀온 적이 있습니다. 연극은 어떻게 즐기는 것입니까?

　"셰익스피어의 작품은 결코 쉽지 않지만 반복해 보다 보면 복잡한 인간의 심리와 변화를 잘 살펴볼 수 있습니다. 셰익스피어는 언어의 연금술사입니다. 인간 심리의 치료사라고 부르고 싶은 사람입니다. 영국이 낳은 대문호임이 틀림없습니다. 연극을 사랑할 수 없다면 연극을 즐길 수 없겠지요! 연극을 사랑하게 되면 세상을 향해 꿈을 꿀 수 있으니까요.
　어떻게 보면 연극과 음악과 시는 하나라고 할 수도 있지요. 인간 내면의 감정을 표출하는 것이니까요. 저는 교육 현장에서도 이러한 인접 예술과의 관계를 매우 중요하게 여기고 그것을 이해시키려고 노력했습니다."

1983년부터 2008년까지 25년간 한양대 교수로 계시다 정년퇴임을 하신 후에는 일반 아마추어 시니어들을 대상으로 시니어 연극 운동을 시작하신 것으로 알고 있습니다. 그것에 관해 말씀 좀 해 주십시오.

"사람들은 연극을 어렵게만 생각하고 배우들만 연기를 하는 것처럼 생각하기도 해요. 살아 움직이는 것, 사람 사는 모든 것이 연극입니다.

연극의 매력 중 하나는 내가 아닌 타인의 삶을 경험해 보는 것입니다. 정치가가 되기도 하고, 장사꾼이 되기도 하고, 심지어 사기꾼, 도망자가 되기도 합니다. 타인의 삶을 경험해 보면서 내 삶을 더욱 건강하고 바르게 나아갈 수가 있지요.

제가 서울시 극단장을 역임했기에 서울 시내 몇몇 구민회관의 요청으로 시니어들을 대상으로 연극 교실을 운영했고 거기에서 작품을 연습해 무대에 올렸습니다. 마포구와 강동구에서 최인훈 작 〈달아 달아 밝은 달아〉를 제가 연출해 공연했습니다."

아마추어 시니어들에게 연기라는 것이 결코 쉽지 않을 텐데요.

"시니어 연극을 지도하면서 깨달은 것 중의 하나가 인간은 타고난 재능도 중요하지만 교육으로 얼마든지 극복할 수 있다는 것입니다. 남 앞에서 얘기도 못했던 분들이 반복적인 연습을 통해 이제는 무대에서 연기를 할 만큼 발전하는 것을 현장에서 많이 봤습니다."

이제 마지막으로 한 가지만 더 여쭙겠습니다. 혹, 라스베가스에서도 한인 연극 활동이 가능할까요?

"물론이죠. 만일 라스베가스에 한인 극단이 창단된다면 나는 최선을 다해 도울 것입니다. '내 생이 끝나는 날까지 연극을 위해 일하는 것'이 나의 꿈입니다."

오늘 긴 시간 동안 말씀해 주셔서 감사합니다. 늘 건강하시고 언젠가 라스베가스에 한인 극단이 만들어질 때 오셔서 지도해 주실 것을 부탁드립니다. (2023. 7. 9.)

이아자 한미여성회 라스베가스 지회장

"Put yourself in their shoes"
("네가 상대방의 신발을 신어 봐라")

8월입니다. 우리 한국인에게 8월은 그 어느 때보다 우리의 조국 대한민국을 더 많이 생각하는 달입니다. 8월의 한가운데 '8.15 광복절'이 있기에 더욱 그런 것 같습니다.

올해는 또 한미 동맹 70주년을 맞는 해입니다. 미국에 사는 우리로서는 특별한 달입니다. 오늘은 한기여성회(The Korean American Women's Association, KAWA) 라스베가스 지회장 이아자(미국명: 아자 챔벌스-Acha Chambers) 님을 초대석에 모셨습니다. 안녕하세요? 어서 오십시오.

"안녕하세요? 조국을 떠나 사는 우리들에게 한국인의 얼과 문화를 전달하는 데 애쓰는 〈라스베가스 타임즈〉의 초대석에 자리한 것을 대단히 영광스럽게 생각합니다."

먼저 본인 소개를 좀 해 주십시오. 라스베가스에서 사신 것이 꽤 오래된 것으로 압니다만….

"제가 1980년부터 라스베가스에서 살았으니 말씀대로 꽤 오래됐네요. 43년째가 되었습니다. 저는 네바다주 공무원으로, NRS(Nevada Revised Statutes) 612와 616에 해당되는 주에 세금 법을 시행하는 공무원으로 30년 동안 근무하고 은퇴했습니다. 제가 알기로는 네바다주에서 공무원으로는 제가 첫 미국 시민권을 가진 한국인이었던 것으로 알고 있습니다.

저는 자유를 존중하는 미국에서 살게 된 것을 행운으로 생각하고 이런 제도에 공무원의 자격으로 참여할 수 있었음에 보람을 느낍니다. 저는 미국의 한 시민이기도 하지만 한국의 딸로서 모국을 대표한다는 신념으로 충실히 일하려 노력했습니다. 2020년부터는 한미여성회 라스베가스 지부 회장으로 현재까지 봉사하고 있습니다."

한미여성회에 대해 소개를 좀 해 주십시오.

"한미여성회는 전 에드워드(Chon Edwards) 여사에 의해 1998년 1월에 설립되었습니다. 그동안 성장하여 2002년 8월 네바다주에 Non

Profit 한미여성재단으로 등록되었고요.

한국의 딸로서 미국 사회에서 생활하며, 우리가 몸담고 살고 있는 이 지역에 조금이라도 이바지하는 목적으로 한국 여성의 좋은 이미지를 알리고자 하는 뜻을 공유한 여성 봉사단체 모임입니다. 한미여성회는 Las Vegas, Nevada뿐만 아니라, 다른 여러 주에서도 지역마다 같은 재단이 존재하고 있습니다. 우리 단체는 한국과 미국 간의 민간 친선과 협력의 정신을 격려하고 발전시키기를 도우며, 특히 불우한 여성 돕기를 우선 목적으로 하고, KAWA Las Vegas 가족들은 교재를 통한 서로의 친밀한 관계를 장려합니다. 더 나아가 사회에서 도움을 필요로 하는 여러 모양의 단체를 돕는 데 기여합니다. 일반 회원은 미국 시민권자로 21세 이상의 한국 여성으로 구성됩니다. 저희는 매달 두 번째 월요일에 월례회를 가지며 안건을 의논하고 친교도 가집니다. 또한 다양한 행사도 펼칩니다."

한미여성회의 활동에 관해 말씀을 좀 해 주십시오.

"봉사활동을 기반으로 하여 저희 재단은 2002년부터 불우 여성을 돕는 'Shade Tree', Homeless Youth를 돕는 'Partner of HYC', 노숙자들을 돕는 'Friends In The Desert'에 일 년에 두 번씩 음식 대접이나 기부금을 보내고 있습니다. 근간에는 Covid-19 때문에 어려움을 겪고 있던 이 지역의 Low Income Family(저소득 가족)에게 식품으로 도움을 주는(Food Assistance Program) 단체인 'Three Square Food Bank'에 기부금을 보내기도 했고 특히, 'Korean War Veterans Honor Flight Program'에도 참가하고, 최근에는 Ukraine Refuge를 돕기 위하여 기부금을 'Red Cross'에 전달하였습니다.

어느 특정 지역에서 KAWA 가족 중 도움이 필요한 경우에 타주에서도 힘을 모아 서로에게 큰 도움이 된 경우들도 있었습니다."

한미여성회의 앞으로의 계획과 우리 동포들에게 부탁드리고 싶은 것이 있으면 말씀해 주십시오.

"우선 좋은 뜻과 목적을 가지고 시작된 한미여성회가 계속되어 차세대로 이어지기를 희망합니다. 미국 사회 속에 2세대, 3세대 한국 여성으로 살면서 혹시라도 한국 여성이라는 긍지와 신분이 흐려지지 않고, 다민족 속에서도 단합하여 활동하는 한국 여성들이 되는 데에 한미여성회가 앞으로 기여할 수 있기를 바랍니다. 한미여성회 안에서 서로 단합하고 Networking의 근거가 되어 뜻깊은 일들을 이루어 내고, 한국 여성들이 무의미하게 묻히지 않고 우수하다는 칭찬과 인정을 받을 수 있는 도구가 되기를 더욱 바라는 바입니다. 이런 일들은 모두의 도움이 필요하오니 한미여성회에 관심 가져 주시고 참여와 홍보에 적극적으로 도움 주시기를 바랍니다."

이 회장님께서는 한미여성회뿐만 아니라 다양한 분야에서 열정적으로 사회활동을 하는 것으로 압니다. 본인의 그 열정의 에너지는 어디에서 나오는 것으로 생각하십니까?

"지금 생각해도 쉽게 이해가 되지 않습니다만, 제 어머니께서는 저희 형제들에게 "홍익인간이 돼라"는 말씀을 많이 하셨어요. 세상을 살면서 '더하기 인생'이 되어 어떤 상황에서도 이웃에 보탬이 되어야 사람들로부터 환영받고 복을 받는 삶을 살게 된다는 말씀이었어요. 그래서 가능하면 그렇게 살려고 노력하고 있습니다. 질문에 대답이 되었는지 모르겠습니다. 결과에 의한 자기만족이 있을 때 또 새로운 힘을 갖게 됩니다."

이제 백 투 스쿨을 앞두고 청소년 자녀를 둔 가정에서는 새 학기 준비로 바쁠 것 같습니다. 혹, 학부모님들께 들려주고 싶은 말씀이 있으면 해 주십시오.

"모든 부모는 자녀의 성공을 원합니다. 성공의 의미를 어디에 두느냐에 따라 다르겠지만 자녀가 높은 학점을 받고 지식을 많이 얻는 것도 중요하지만 올바른 가치관과 분명한 목적을 가지고 살아가도록 안내하는 것이 더욱 중요하다고 생각합니다.
다민족, 다문화가 어울려 사는 미국 사회에서 '나는 누구인가?'를 통해 주체성과 자존감을 갖게 하며 '나는 100% 한국인이면서 100% 미국인이다'는 인식을 갖게 하는 것도 중요하다고 봅니다."

우리가 살다 보면 때때로 힘들고 지치고 외롭고 억울한 상황과 맞닥뜨리게 됩니다. 이 회장님께서는 이럴 때 어떤 방법으로 해결해 나가시는지요?

"우리는 인생의 길에서 누구나 억울하고 불쾌한 일과 만나게 됩니다. 그것은 대부분 타인에 의해 불공평한 일을 당했을 때 느끼는 감정입니다. 그런 상황을 접했을 때 저는 우선 제가 손해 본 것이나 저의 상한 마음에 중점을 두지 않고 상대방의 이유를 생각해 봅니다.

영어에 'Put yourself in their shoes'('네가 상대방의 신발을 신어 봐라')라는 표현이 있습니다. 그 사람이 왜 그래야만 했을까? 그런 대처를 하는 동안 대부분 알게 모르게 나를 힘들게 한 상대방도 나와 같이 마음이 편하지 않으리라 생각이 들고 안타깝게 느껴집니다. 그러다 보면, 나의 억울함과 불쾌함이 작아 보이고 상한 마음을 더 쉽게 다스리고 회복하게 됩니다.

예상하지 않았던 힘들고 어려운 환경에 처하게 될 때에는 저는 '이 상황에서 무엇을 얻을 수 있을까?'를 생각해 봅니다. 영어에 'Make the most out of the worst situation'('가장 악조건의 상황에서 최대를 만들어 보라')는 표현이 있습니다. 이러한 생각과 태도는 긍정적인 힘이 있어서 적극성을 더하게 하여 어려움의 무게를 가볍게 해줍니다. 자연의 원칙이 그늘이 어두울수록 그 앞에는 더욱 밝은 빛이 있습니다. 아주 어두운 어려움의 그림자를 지나면 밝고 환한 통로가 나오지 않을까요?"

매우 지혜롭게 대처하시는 듯합니다. 그래서인지 이 회장님의 얼굴에는 웃음과 여유가 늘 있어 보입니다. 오늘 바쁘신 중에도 초대석에 나와 주셔서 감사드리고 라스베가스 한미여성회의 무궁한 발전과 왕성한 활동을 기대합니다. (2023. 8. 4.)

유승복『병명 및 의료 용어 사전』 저자

"타국에서 살면서 몸이 아픈 것도 서러운데
말까지 안 통하면 정말 슬픕니다"

지난달 15일 라스베가스 한인회가 주최한 제78주년 광복절 기념식은 그 어느 해보다 그 행사의 규모나 내용이 풍성했다고 봅니다. 그것은 제26대 한인회의 의욕적인 노력도 있었겠지만 올해가 한미 군사동맹 70주년을 맞아 우리 동포들의 조국에 대한 관심과 사랑이 더 깊어졌기 때문으로 생각되기도 합니다.

오늘 초대석에서는 기념식 후 우리 동포들이 이민 생활 중에 늘 불편하게 느끼는 병명 등의 의료 용어들을 한영, 영한으로 번역하여 만든 가이드북을 참석자들에게 무료로 배부한 유승복 선생을 모시고 말씀을 듣고자 합니다. 안녕하세요? 동포들을 위해 귀한 책을 발간해 주셔서 감사합니다.

"저는 〈라스베가스 타임즈〉의 애독자입니다. 신문이 나올 때마다 꼭 챙겨와 잘 읽고 있습니다. 수고가 많으십니다. 귀한 지면에 초대해 주셔서 감사합니다."

이번에 발간하신 소책자의 제목이 『일상생활 속 병명(病名) 의료(醫療) 용어(Translation & Reference Guide to Medical Terminology)』입니다. 어떤 계기로 이 책을 발간하게 되셨는지요?

"타국에서 살면서 몸이 아픈 것도 서러운데 말까지 안 통하면 정말 슬픕니다. 전문 의료인이 아닌 일반인이 이민을 와 급하게 병원에 갔을 때 영어가 안 통해 큰 어려움을 겪는 경우가 많습니다. 어쩌다 한국인 의료진을 만나 도움을 받기도 하지만 그런 경우는 극히 드뭅니다. 처음 병원에 가면 초진자에게 묻는 질문서를 여러 장 주면서 써 넣으라고 하지요. 이건 완전 전문 의료 용어투성이입니다. 사전을 가지고 가서 단어를 찾으면서 작성하는 데에 적어도 30분은 걸립니다.

그래서 이래 가지고는 안 되겠다 싶어서, 그때부터 관련된 의료 용어의 자료를 기회 있을 때마다 광범위하게 모으기 시작했습니다. 의료 질문서, 약 설명서, 카탈로그 등등. 그리고 그것을 번역했습니다. 의사가 말하는 영어를 우리말로, 그리고 환자가 어디가 어떻게 아픈지를 말할 수 있도록 한글을 영어로, 이렇게 두 종류를 만들어서 이번에 소책자로 만들었습니다. 대략 3년쯤 걸렸습니다. 병원에 갈 때 가지고 가면 도움이 되리라 생각됩니다."

책의 내용에 대해 소개 좀 해 주십시오.

"이 책에는 신체의 각 부위 등 쉬운 단어에서부터 전문적인 의료 용어까지 다양하게 수록되어 있습니다. 치과에 관련된 단어는 뒷부분에 따로 뽑아 놨습니다."

번역된 병명은 몇 개나 됩니까?

"딱히 병명이 몇 개라고는 말하기 어렵지만, 우리가 일상생활에서 말하는 고혈압, 당뇨병, 고지혈증, 신경통, 백내장, 녹내장, 각종 암, 변비, 위궤양, 감기, 디스크, 현기증, 폐렴 등등이 나와 있습니다. 그러나 완벽하다고는 볼 수 없습니다. 모든 단어를 다 싣자면 부피가 너무 커져서 오히려 휴대하기 불편합니다. 대략 3천 단어쯤 됩니다."

작업을 하시는 데 어려움은 없으셨는지요?

"아주 특수한 의료 용어들은 일반 사전에 없어서 도서관에 가서 대사전을 보거나 wikipedia를 열어 보기도 했습니다. 의료 용어에는 희랍어나 라틴어로 된 것이 많습니다. 우리는 위장을 'stomach'라고 하는데 의료에서는 'gastro-'라고 하고, 우리는 심장을 'heart'라고 부르는데 그들은 'cardio-'라고 하고요. 피부는 'skin'인데 의사들은 'dermato-'라고 하니 복잡하지요."

이 책은 유 선생님께서 편집인이시고 언약교회 이재광 목사님께서 발행인이시라고 하셨는데 그 역할 구분은 어떤 것입니까?

"제가 처음엔 원고 정리를 마치고 그것을 복사해 표지를 씌워 20부 정도 만들어 봤습니다. 주변 분들께 나눠드렸더니 무척 좋아하셔서 100부를 더 만들어 지인들에게 나눠드렸습니다. 그러던 중 어느 분이 이것을 더 많은 사람이 이용하기 위해 언약한인교회의 이재광 목사님을 추천해 주시더라고요. 이재광 목사님은 우리 지역 노인들에게 관심이 많으시고 교회에서 노인학교를 운영하고 계십니다. 또 노인들을 위하여 외부 강사를 초빙해서 세미나도 계속해서 열고 계십니다. 저도 그 세미나에 여러 번 참석했습니다.

그래서 이 목사님을 만나 말씀을 드렸더니, '아! 이것이야말로 우리 노인들에게 꼭 필요한 책'이라고 하시면서 쾌히 책 출간을 본인이 맡아서 하시겠다고 했습니다. 복사량이 많아 많은 고생을 하신 것으로 압니다. 작업 중에 복사기가 고장이 나 그것을 수리하기 위해 LA를 다녀오시기도 했고요. 결국 책이 완성되어 광복절 행사에 참석한 동포들에게 나눠드릴 수 있게 된 것입니다. 이 목사님의 이웃 사랑과 나눔의 정신에 큰 감동을 받았습니다.

그렇게 되어 제가 이 책의 편집인이 되었고 목사님께서 발행인이 되신 것입니다."

아름다운 협업 정신의 모범을 보여 주신 것 같아 감사합니다.
이제 유 선생님 본인에 대해 소개 좀 해 주십시오.

"저는 '버들 류(柳)'가 입니다. 본관은 경남 진주이고요. 우리는 대대로 경기도 개성 부근에서 살았습니다. 그러다가 할아버지 때에 서울로 이사 와서, 저는 1940년 서울에서 태어났습니다. 6.25 전쟁 무렵에 인천으로 피난을 갔고 거기서 고등학교까지 졸업한 후에 서울의 연세대학 화학공학과를 졸업했습니다. 재학 중에 군대 갔다 와서 충남 재벌인 한국화약(한화그룹)에 공채로 입사하여 9년 동안 근무했습니다. 그 후에 금호아시아나 그룹에 공채로 입사하여 19년 동안 근무했습니다. 위의 두 회사에 근무하는 동안 각각의 회사의 일본 동경법인의 책임자로 도합 7년 동안 근무했습니다. 그리고 아시아나 항공에서 전무이사 관리본부장으로 은퇴하였습니다.

제 아들이 중학생 때 조기 유학으로 미국에 왔는데, 미국 시민권을 딴 후에 저희 부부를 부모 초청 케이스로 해서 2007년 미국 라스베거스로 이민하여 16년째 살고 있습니다."

제가 지금부터 14년 전인 2009년 9월 당시 발행되던 〈Living & Korea〉라는 잡지에 선생님을 인터뷰했던 기억이 납니다. 당시 영국에 가셔서 50

여 대의 항공기 구입에 직접 참여하셨던 얘기를 들었던 것 같습니다. 제 기억이 맞는지요?

"그렇습니다. 1988년에 한국의 제2 민간 항공사인 아시아나 항공이 설립되었는데 제가 당시 전무이사 관리본부장으로서 비행기 조달 업무를 총괄하게 되었습니다. 1990년 9월 영국의 런던 근교 Farnborough의 국제 에어쇼에서 세계의 기자단이 모인 자리에서 아시아나 항공의 황인성 회장(CEO)을 모시고 Boeing Co.의 Dean Thornton(CEO) 사장과 비행기 51대, 약 60억 불의 연차적 구매 계약을 체결했었지요."

우와! 비행기 51대, 60억 불을 사인할 때의 심정은 어땠습니까? 갑자기 제 심장이 빠르게 뜁니다. 유 선생님께서는 또 세계 곳곳을 두루 다니신 대단한 여행가로 알고 있습니다. 요즘도 여행을 많이 하시는지요? 특별히 권하고 싶은 여행지가 있다면 소개해 주십시오.

"제가 1970년대 중반 한국의 종합무역상사 금호실업의 무역부장을 역임했는데요. 그때는 수출입국이 강조되던 시절이라 전 세계에 한국 제품을 수출하기 위해서 약 50개국을 출장 다녔습니다. 출장 중에는 관광을 못했고, 은퇴 후 나 홀로 배낭을 메고 몇 달씩 여행을 했습니다. 여행은 여행 자체도 즐겁지만 인생을 풍성하게 해 줍니다.
요즘은 나이가 들어 활발하게 여행을 하지 못하고 있습니다. COVID-19

직전에 동남아의 라오스, 베트남, 미얀마 등 몇 나라를 배낭여행 했습니다.

저는 역사가 깊은 나라들을 주로 다녔습니다. 그래서 여행지를 권한다면, 우선 성지 순례로 이스라엘, 요르단, 터키(튀르키예)를 묶어서 한 달 정도 하시면 좋고요. 힌두교와 불교의 나라 인도와 스리랑카를 한 달 정도 다녀오셔도 좋을 것 같아요. 더욱 역사가 깊은 나라라면 피라밋과 룩소, 아부심벨 신전이 있는 이집트가 좋겠습니다. 중국은 역사는 길지만 근래에는 좀 조심스럽습니다."

이번에 출간하신 책은 그 분량이 방대하여 동포들을 사랑하는 마음 없이는 불가능하다고 봅니다. 선생님의 깊은 동포애에 감사를 드립니다. 이제 끝으로 동포들에게 들려주고 싶은 말씀이 있다면 한말씀 해 주십시오.

"이전에 비하여 인간의 수명이 많이 길어졌습니다. 옛날에는 일찍 죽었기 때문에 앓지 않았어도 될 병을, 지금은 오래 사니까 병으로 고생을 많이 해요. 암이나 치매가 대표적이지요. 옛날에는 사람들이 모이면 먹고사는 문제를 많이 얘기했는데 지금은 모이면 건강 얘기를 합니다. 이번에 제가 편집한 책자는 건강과 직접 관련된 것이니 여러분께서 잘 활용하셔서 건강하게 오래오래 사시기를 바랍니다. 귀한 초대석에 초대해 주셔서 감사합니다."

긴 시간 동안 말씀해 주셔서 감사합니다. 이번에 발간한 이 소책자가 우리 동포들의 건강관리에 유용하게 사용되었으면 좋겠습니다. 늘 건강하시길 바랍니다. (2023. 9. 8.)

김영상 예비역 공군 대령

"만세! 할아버지"

오늘은 지난 6.25 한국전쟁 기념식과 8.15 광복절 기념식장에서 멋진 군복 복장으로 '만세 삼창'을 선창하신 김영상 예비역 공군 대령님을 모시고 말씀을 듣고자 하겠습니다. 안녕하세요? 바쁘신 중에도 인터뷰에 응해 주셔서 감사합니다.

"귀한 지면에 초대해 주셔서 감사합니다. 무슨 말을 해야 할지 조금 떨리기도 합니다."

두 번의 기념식에서 보여 주신 당당하고 힘 있는 '만세 삼창'은 매우 인상적이었습니다. 그저 순서에 있는 만세가 아닌 가슴을 뛰게 하는 감동적인 만세였습니다. 먼저 본인에 대해 소개를 좀 해 주십시오.

"1936년 부산에서 출생했으며 1957년 공군 소위로 임관한 뒤 22년을 공군에서 복무하다가 1979년 대령 예편과 함께 라스베가스로 이주하여 35년간 한 카지노에서 딜러로 일했으며 80세가 되던 2016년 은퇴했습니다. 군 복무 중에는 공군대학, 국방대학원, 전남대학교 행정대학원, 미 육군특전부대 등을 수료했고 월남전에도 참전했으며 공군정보부대(2325부대) 부대장을 역임했습니다."

제가 방위병 출신이라 김 선생님의 엄청난 군 경력을 알고 나니 바짝 긴장이 됩니다. 군 생활 가운데 가장 인상적인 것 하나만 소개해 주십시오.

"1963년 건군 제15주년 국군의 날 행사 때 한강 백사장에서 공군의 에어쇼가 있었습니다. 그 당시 국가최고회의 의장이었던 박정희 대통령과 3군 고위 장성 및 국내외 귀빈과 수십만의 관중이 쳐다보는 가운데 1,299피트 높이의 비행기에서 단독으로 뛰어내려 낙하산을 풀고 맨몸으로 물에 뛰어들어 빨강색 연막탄으로 신호를 올리면 헬기가 날아와 구조 밧줄을 내려 그 줄에 매달려 구조되는 동작인데 이것을 정확히 7분 30초 내로 해내야 했습니다. 지금 생각해도 아찔합니다만 당시 이 장면이 신문에 크게 실리기도 했습니다."

제 기억에도 그 당시 국군의 날 행사의 하이라이트는 한강 백사장에서 펼치는 에어쇼였던 것 같습니다. 그 에어쇼의 주인공이 바로 앞에 계신 김 선생님이셨다니 감회가 새롭습니다.

김 선생님의 별명이 '점프 마스터'(Jump Master)라고 들었습니다. 단어가 다소 생소하게 느껴지는데 '점프 마스터'의 뜻은 무엇입니까?

"'점프 마스터'란 강하(낙하산) 지휘관이라는 뜻입니다. 배 원장님과 같은 지휘자가 무대에서 오케스트라 단원들을 지휘하듯 점프 마스터는 낙하 대원들이 한 사람씩 안전하게 잘 뛰어내릴 수 있도록 안내하는 지휘관입니다.

제게 '점프 마스터'라는 별명이 붙여진 것은 1971년 North Carolina Fort Bragg에서 Psychological Operation Unit Office Course(특수 심리전 과정)와 특수공작 및 낙하산 고공 침투 작전 과정을 수료하였는데 이때 한국 군인으로서는 최초로 미 낙하산 강하 최고 지휘 훈장을 받았기 때문으로 생각됩니다."

김 선생님께서는 점프(고공낙하)를 몇 번이나 하셨습니까?

"약 450회 정도 했습니다. 아마도 그 당시에는 국내 최다 점프 기록이었을 것입니다. 점프에는 정상 강하, 수중 강하, 비상탈출 강하, 야간 강하, 밀림 지역 강하, 고공 침투 강하 등이 있는데 이것들을 수없이 했습니다. 그런데 다 지나간 이야기입니다."

월남전 참전에 관해 말씀 좀 해 주십시오.

"1965년 통킹만 사태로 월남전이 시작되었을 때 주월 맹호부대 1진이 서울에서 시가행진을 마치고 김포공항에서 C-130 대형 수송기로 월남에 출전할 때 공군에서는 10명이 선발되어 1진에 합류했습니다. 당시 공군 대위(월남어서 소령 진급)로 DASC(Direct Air Supporter Center: 직접 항공 지원팀)에 소속된 나는 항공기로 적의 거점 지역에 Air Strike(공군지원 공격)로 먼저 연막탄을 쏴 그 지점을 유도하면 미 공군 팬텀기(F-4)가 폭격하는 작전으로 1년 동안 200회의 공군 지원 비행했습니다. 그리고 월남 1등 명예훈장을 받았습니다."

매우 위험하고 중요한 작전에 참여하신 것 같습니다. 한국에서 오랫동안 공군 정보장교로 복무하셨기에 여러 가지 국가 기밀에 속한 일에도 참여하셨을 것 같습니다. 특별히 말씀해 주실 것이 있다면 해 주십시오.

"일반적으로 정보장교는 군내의 보안 사항과 관련된 일을 많이 하지만 저는 대북공작과 관련된 일을 많이 했습니다. 그래서 공개할 수 없는 것들도 많습니다.
〈실미도〉라는 영화로 많이 알려진 이 실제 사건에도 저는 깊숙이 관계했습니다.
1968년 1월 21일 청와대를 습격하기 위해 북한의 김신조가 내려왔을 때 우리 정부 내에서도 북한에 맞서는 공작요원의 양성이 필요하다고 생각했습니다. 그 당시 공군정보부대(2325부대) 심리전 대장으로 근무하던 저는 상부의 지시로 1968년 4월 실미도 공작요원 부대(684부대) 창설에 직접 참여했습니다. 제게 주어진 임무는 이 요원들을 어떻게 안전하게 북쪽의 목적지로 수송하느냐 하는 것이었습니다. 그래서 여러 가지 실험도 하고 요원들과 대화도 했습니다. 그러나 이 계획은 실행되지 못했고 안타깝게도 요원들은 목숨을 잃었습니다."

아! 그 유명한 영화〈실미도〉의 실제 배경이 그렇게 시작되었군요. 2003년에 개봉된 강우석 감독의 영화〈실미도〉는 당시 개봉 58일 만에 1천만 관객을 돌파하는 한국 영화사상 최고 기록을 세우기도 했습니다. 배우 안성기, 허준호, 설경구 등의 연기도 일품이었고요.

"실미도 684부대 이야기가 지금은 세상에 널리 알려져 있지만 저는 지금까지 제 가슴속에만 묻어 두고 살았습니다. 저는 실미도가 대한민국 근대사 가운데 가장 큰 비극적인 사건이라고 생각합니다. 화재를 바꾸었으면 합니다."

죄송합니다. 제가 김 선생님의 아픈 추억을 건드린 것 같습니다. 앞서 1979년 미국에 오셔서 35년간 한 직장에서 딜러를 하셨다고 하셨는데 적응하시는 것이 결코 쉽지 않았을 것으로 생각됩니다. 어떠셨습니까?

"명령만 하며 살다가 딜러를 하려니 쉽지는 않았습니다. 그러나 그건 누구나 마찬가지일 것입니다. 저는 다행히 아내(이명숙 — Mimi Kim)의 형제들이 라스베가스에 먼저 와 살고 있었기에 그들의 도움을 많이 받았습니다. 장인어른의 훈시에 따라 이곳에 있는 우리 4남매 부부는 매주 수요일 저녁에 만나 식사를 함께하는데 이민 와서부터 지금까지 계속하고 있으니 40년이 더 됐습니다.

카지노 딜러 일도 몸에 밴 투철한 군인정신으로 하니 가끔 '별난 사람'이란 소리를 듣기도 했지만 대부분 저의 열심과 열정을 높이 평가해 주었습니다. 많은 사람이 조건이 더 좋은 직장으로 옮겼지만 저는 처음 시작한 직장에서 35년간 일하고 은퇴했습니다."

올해 87세이신 데도 지난 5.25와 8.15 기념식에서 쩌렁쩌렁하게 외치시던 '만세' 소리가 지금도 제 귓가에 생생히 들리는 듯합니다. 현재 건강은 어떠시며 어떤 활동을 하고 계신지요?

"저는 비교적 건강한 체질을 갖고 태어났다고 생각합니다. 어릴 때부터 달리기를 잘하는 편이라 미국 와서도 2001, 2003년에 라스베가스에서 열리는 Corporate Challenge 대회에서 100m, 400m, 1,500m, 경보 대회에 입상하여 메달 4개를 목에 걸어 주위 사람들을 놀라게 한 적도 있습니다. 그러나 이것도 다 지나간 이야기입니다.

최근 큰 수술을 몇 번 받았고 지금은 회복 중에 있습니다. 현재 대한민국 월남전 참전자 네바다지회의 모임에 주 2회 참석하고 있으며 라스베가스 한인회, 노인회, 재향군인회, 참전전우회 등의 각 단체들이 서로 협력하여 아름다운 한인 사회를 만들어 줄 것을 기대하고 있습니다."

사람이 살아가는 데 가장 중요한 덕목은 무엇이라고 생각하십니까?

"긍정적인 생각과 진실'이라고 생각합니다.

어떤 상황에서도 더 나쁜 상황을 생각하고 그 현실을 긍정적으로 받아들이는 자세가 필요합니다. 그리고 진실이란 아무리 숨기려 해도 언젠가는 드러나는 것이므로 항상 작은 것이라도 감추지 않고 있는 그대로를 그대로 나타내며 사는 진실된 삶의 자세가 중요합니다."

오늘 긴 시간 동안 소중한 말씀들을 해 주셔서 감사합니다. 근간 또 선생님의 힘찬 '대한민국 만세' 외침을 듣길 원합니다. 가족의 건강과 가정의 평안을 빕니다. (2023. 10. 6.)

성동제 화가

"어쩌다 바쁜 삶, '가을은 참 이상한 계절'"

안녕하십니까? 오늘 〈라스베가스 타임즈 초대석〉에는 오랫동안 한국에서 반도체 부분에서 일을 하셨고 최근엔 미국과 한국을 오가며 그림 전시회에 열정을 쏟고 있는 성동제 선생을 모시고 말씀을 듣고자 합니다. 바쁘실 텐데 시간을 내어 주셔서 감사합니다.

"귀한 지면에 초대해 주셔서 감사합니다."

먼저 본인에 대해 소개를 해 주십시오.

"저는 1953년 경기도 김포 대곶면에서 출생했으며 인하공대와 연세대 경영대학원을 졸업했고 삼성반도체(SYS LSI)에 근무 중 미국과 일본

VE(Value Engineering) 협회에 관련 부분의 논문을 발표하기도 했습니다. 삼성반도체 퇴사 후에는 국내 외주사 공장장과 대표이사를 지냈으며 미국 텍사스 어스틴 공장의 협력사 법인장으로도 근무했습니다.

1985년 아내(윤혜란)와 결혼했으며 아내는 저보다 먼저 미국으로 와 HIV 전문 약사로 지금 근무하고 있고 저는 현재 라스베가스에서 아내와 외아들과 살고 있습니다. 지난 회기인 제25대 라스베가스 한인회 수석 부회장으로 봉사하기도 했습니다."

지금까지 살아오시는 동안 평생 잊지 못할 교훈을 주신 멘토가 있으시다면 소개 좀 해 주십시오.

"제가 고3 때 보강 시간에만 오셔서 국어를 가르쳐 주신 김재영 국어 선생님이 생각납니다. 그분의 말씀 중에 "책을 많이 읽어라. 월간지 두 개는 꼭 보도록 해라" 이 말씀이 아직도 제 귀에 생생합니다. 저는 지금도 은사님 말씀을 실천하려 책을 가까이하고 있습니다. 선생님께서는 제 결혼식 주례도 서 주셨고, 저의 졸저『여유와의 전쟁에 더하여』출판 기념회에 오셔서 축사도 해 주셨습니다.

한번은 보고서를 잘 쓰는 방법을 여쭤봤더니 본인이 관심 있는 신문 사설을 옮겨 쓰라고 말씀하셨습니다. 그때 같이 사설을 옮겨 썼던 친구들은 지금도 '소나무'라는 모임으로 만남을 계속하고 있습니다.

지난 5월에 가진 저의 3번째 유화 개인전은 오래전 스승과 제자의 아름다운 동행으로 선생님은 서예 저는 유화로 작품전을 꾸미는 것을 허락하셨는데 구순이 넘으신 은사님께서는 작품 찬조로 용기를 주셨습니다. 저의 생사를 건네주신 스승님의 건강을 기원합니다."

어떤 연유로 그림을 시작하였으며 그림의 매력은 무엇입니까?

"어릴 때 시골에서 자유롭게 자란 저는 어머님께서 저의 성격을 다듬기 위해 미술학원에 보내셨는데 그것이 제 적성과 맞아 지금껏 계속 그림을 그리고 있습니다.

화가의 길은 멀고 험난하다는 아버지 말씀에 미술대학 진학을 포기하고 인하대학에 진학했지만 대학 재학 중에도 대학 그림동아리 '화우회'를 제가 직접 만들어 활동했습니다.

제가 하도 그림에 빠져 지내자 제 친구들이 제게 그림이 그렇게도 좋으냐고 묻기도 했습니다. 저는 이젤을 펴고 캔버스 앞에 앉으면 그렇게 편할 수가 없습니다. 유화 물감이 요동을 치면 세상이 다 제 것처럼 느껴졌습니다. 그림은 저의 애인이었습니다.

1978년 대학 4학년 여름방학 때 유화 작품을 준비해 10월에 작품전을 개최했고 2006년 두 번째, 2023년에 세 번째 개인 전시회를 개최했습니다."

지난 5월 23일부터 30일까지 서울 인사동 '인사 아트 프라자 갤러리'에서 세 번째 그림전시회를 하셨습니다. 전시회를 준비하는 작가의 마음가짐은 어떠합니까?

"1978년 첫 개인전은 군에 갔다 온 4학년인 제가 이것만이 내가 갈 길이라는 심정으로 대학 서클룸에서 열심히 그렸습니다. 주변에 사람이 없는 것은 아니었지만 저는 늘 혼자였고 고독했습니다.

2023년 세 번째 개인전은 색감을 찾지 못해 한동안 고생했습니다. 고민할 때마다 아내와 화가인 여동생 그리고 화우회 후배들이 늘 아낌없이 지원과 용기를 주었습니다.

그 후원에 힘입어 골프도 중지하고 이젤 앞에서 고민과 사색을 색으로 표현했습니다.

이번 세 번째 개인전의 대표 작품의 제목은 〈그 그림은 올려다봐야 / 그 은혜를 올려다봐야 / 그 누구가 알아서 볼까〉입니다.

소나무 회원 중 먼저 간 후배에게는 소나무 작품을, 몇몇 지인에게는 다른 작품을 그리고 또 절 그림은 홍원사, 신흥사에 작품을 기증한 일이 기억납니다.

본인의 작품 화두 〈가을은 참 이상한 계절〉은 법정 스님의 책 『새들이 떠나간 숲은 적막하다』 속에 나오는 글의 제목입니다."

성 선생께서는 1998년에 『여유와의 전쟁』 그리고 2017년에 『여유와의 전쟁에 더하여』라는 책을 출간하셨습니다. 책 제목 속에 있는 '여유'라는 단어가 유난히 반짝거리는 것 같습니다. 책을 쓰신 동기와 내용을 간략히 소개 좀 해 주십시오.

"2017년 펴낸 『여유와의 전쟁에 더하여』 속에는 1998년에 쓴 『여유와의 전쟁』이 같이 묶여 있으며 『여유와의 전쟁』은 제 어머니의 칠순 기념으로 반도체 온양 사업장 기숙사에서 탈고했습니다.

반도체 VE 논문 2편과 현장에서 필요한 반도체 생산기획/관리 담당자들의 지침서를 만들고자 했습니다.

관리자의 삼십육계는 과거 3개월 향후 6개월의 자료/통계를 늘 챙겨 분석해야 한다는 의미입니다.

책 제목 '여유'는 선지원 후관리하는 관리자 입장에서 반도체 선폭(NANO)을 줄이려는 기술 분야 종사자들의 노력을 함축하며, 그 선폭을 줄여 세계 일등을 유지하려 할 때 때로는 헛삽질도 해 가며 지혜를 모읍니다.

참고로 반도체는 SEMI + Conductor의 합성어로 진공관이 무겁고, 부피도 크며, 속도가 느린 것을 미국 벨 연구소에서 1947년 3명이 모여서 개발, 후배들의 경박단소로 오늘에 이르렀습니다.

"미래는 이미 와 있다. 단지 널리 퍼져 있지 않을 뿐이다." 4차 산업혁명 책에서 윌리엄 깁슨이 한 말입니다.

반도체가 있어 AI, META VERSE, 증강 현실 등이 가능하며, 시장 규모는 Memory보다 SYS LSI가 훨씬 크며 4차 산업혁명을 이끌 핵심 기술입니다.

『여유와의 전쟁에 더하여』의 내용은 대부분 저자인 저 자신에 대한 이야기입니다.

첫 글「이제는 말할 수 있다」는 어머니 몰래 지갑에서 돈을 꺼낸 것에 대해 용서를 구하는 글입니다. 미술반에서 늦게 끝나고 배가 고파서 그 돈으로 호떡을 사 먹었던 내용입니다.

얼떨결에 미국과 한국에서 한 번씩 한 Hole-in-One 내용,「긴 병에 효녀 있다」는 여동생의 고맙고 훌륭한 태도, 그리고「큰 바위 얼굴」은 저의 별명에 관한 이야기입니다. 중국 출장 시 부서원들이 보내 준 생일 축하 Fax, 같이 근무한 벗과 지인 25명의 애잔한 글도 있습니다.

우룡 큰스님의 '너를 뒤돌아봐라. 너를 단속할 때 모든 것이 거기에서 다 이루어진다. 남을 건너다보지 말고 너를 뒤돌아봐라'라는 말씀을 저는 늘 마음에 새기고 삽니다."

하도 변화무쌍한 분이라 앞으로의 계획이 궁금합니다.

"'미래는 준비하는 사람의 것'이라는 말('나는 준비하고 또 준비할 것이다 그러면 보다 나은 미래가 올 것이라고 나는 확신한다.' ― 링컨)이 있습니다.

저는 칠십이 돼서야 아내에게 사랑한다는 말을 하기 시작했습니다.

열심히 함께 걷고 있습니다. 이젠 소소한 것까지도 아내와 상의하는 친절한 남편이 되고 싶습니다.

그리고 동양화가인 여동생과 '2인 작품전'을 하는 꿈을 가지고 있습니다.

아내의 칠순 선물로 현재 『여유와의 전쟁에 더하여 2』(가제)를 집필하고 있습니다."

그림을 그리는 분들은 모두 성 선생님처럼 아내에 대한 사랑이 지극하신가요? 긴 시간 동안 말씀해 주셔서 감사합니다. 늘 건강하시고 더 좋은 작품을 위해 날마다 증진하시길 바랍니다. (2023. 11. 3)

제2부

박경신 시인

"82세에 해외문학상 시 부분 신인상 수상"

지난 시월 LA에 본부를 두고 있는 해외문인협회가 주최한 제25회 해외문학상 시상식에서 라스베가스에 거주하는 82세의 박경신 씨가 시 부분 신인상을 받아 많은 분의 축하를 받았습니다. 오늘 박경신 선생을 모시고 말씀을 듣고자 합니다. 안녕하세요? 축하드립니다.

"안녕하세요? 귀한 지면에 초대받아 영광입니다. 기쁘기도 하지만 쑥스럽기도 합니다."

쑥스러우시다니요. 이번 신인상 수상은 결코 개인의 수상이 아닌 인생의 원로가 보여 주는 삶의 신선한 충격입니다. 수상 소감을 간단히 말씀해 주십시오.

"2021년 미주한인문인협회로부터 신인상을 받았고 이번에 또 해외 문인협회로부터 신인상을 받았습니다. 팔십 대가 되어 연거푸 신인상을 받고 보니 제가 제 나이도 잊고 정말 신인이 된 듯한 느낌마저 듭니다. 항상 시 앞에 겸손하고 신인과 같이 참신한 느낌으로 살아갈 예정입니다."

이번 신인상을 받게 된 작품은 어떤 것입니까?

"저는 이번에 5편의 시로 응모하였는데 그중 두 편이 뽑혀 신인상을 받게 되었습니다. 그 가운데 '행복'이라는 시를 소개하면 다음과 같습니다."

행복

박경신

어디선가
나비 한 마리 날아와
꽃에 안기며
행복해 하네

나비가 꽃에 안기듯

마음속에서
행복을 찾으면 되는 것을...

언제까지나
참 행복의 의미를 찾는다고
나는 지금까지 오랜 세월
변명만 늘어놓았네

나비가 꽃에 안겨 행복해하듯 선생님의 이 시를 읽고 독자들이 행복했으면 좋겠습니다.
이제 본인에 대해 소개 좀 해 주십시오.

"저는 서울에서 7형제 중 셋째로 태어났으며 교사인 부모님 덕분에 6.25 전쟁 동안에도 무사히 살아남았고 힘든 가운데도 교육의 중요성을 철저히 배웠습니다.
특히 엄격한 어머니로부터 많은 영향을 받았습니다. 고등학교를 마치고 사학자 겸 문필가였던 천관우 외삼촌의 영향으로 고려대학교 정치외교학과에 입학했고 졸업 후 우연한 기회에 미국으로 건너와 공부도 하고 결혼도 했습니다. 아이들을 다 키운 후에는 마흔이 넘는 나이에 롱아일랜드 대학교에서 Community Mental Health를 공부한 후 뉴욕 공립학교에서 정식 상담교사와 상담사로 일하다가 남편의 은퇴와 함께 딸이 살고 있는 라스베가스로 왔습니다."

말씀 중에 천관우 선생이 외삼촌이라고 하셨는데 그분은 한국일보, 동아일보, 조선일보 편집국장을 역임하시는 등 한국 근대사의 대언론인인 동시에 문필가이셨죠. 제가 대학 시절 열심히 그분의 글을 찾아 읽었던 기억이 납니다.

그리고 우연한 기회에 미국으로 오셨다고 했는데 그 우연한 기회가 무엇인지 여쭤봐도 되겠습니까?

"1964년 미국 뉴욕에서 열린 세계박람회(World's Fair)에 한국을 대표하여 안내와 통역을 맡아서 할 여대생 혹은 대학 졸업생 네 명을 모집하는 신문 공고를 보고 신청을 했는데 제가 운 좋게 뽑혀 미국으로 올 수 있었습니다. 박람회를 마치고 미국에 남아 공부를 계속했습니다."

질문을 이어 가겠습니다. 낙 선생님께서는 왜 시를 쓰십니까?

"우리에게 주어진 오늘의 삶이 과학과 인터넷의 발달로 세상은 점점 복잡해져 가고 정서적으로 피폐해져 가고 있습니다. 나이가 들어가면서 점차 희로애락의 감각이 무디어 가는 것을 느낍니다. '시'라는 매개체를 쓸 동안은 조금씩 활력이 생기는 것을 느낍니다. 객관적으로 곡조 없는 노래인 시는 누구를 위한 것이라기보다 주관적으로 나와 공감

할 사람에게 이야기 형식으로 쓰고 있지요.

　어릴 때에는 시를 쓰는 사람은 따로 있겠지 라고 생각했고, '시'라는 것을 무척 어렵게만 생각하고 시를 써 놓고도 세상에 발표하지 않고 사는 사람이 아주 많아요. 제일 중요한 것은 쓰는 것입니다."

　미국에 오셔서 한인 이민 가정의 아이들이 학교생활에 잘 적응하지 못하는 것을 보시고 청소년 상담학을 공부하시고 20여 년간 학교 현장에서 아이들과 그 부모들을 대상으로 상당하며 지도하셨는데 그 과정에서 느끼셨던 중요한 것이 있다면 소개 좀 해 주십시오.

　"이민이란 어느 나라에서 왔건 모두 삶의 뿌리가 흔들려 적응이 힘들고 더구나 학교적응이 어려워요. 언어장벽이 우선 문제인데 미국이란 나라가 이민으로 이루어진 만큼 처음 오는 학생을 위해 ESL(외국인 학생을 위한 영어공부) 습득을 위한 제도도 많이 마련되어 있습니다.

　가정에서 부모가 아이에게 정서적으로 안정을 주면 대개 적응을 빨리합니다. 그런데 그중에 청소년은 사춘기와 맞물려서 더욱 힘들지요. 학교에서 오는 편지를 이해하지 못하는 부모도 힘들고요. 어린이들은 적응도 잘하고 언어 습득이 빨라서 좋은 대학으로 가는 학생들도 많이 있어요. 학교에 취미를 잃은 어린이들이 게임중독이 될 수도 있지요."

　청소년 자녀를 둔 라스베가스 한인 학부모들에게 하고 싶으신 말씀이 있으면 해 주십시오.

"자녀 교육에 특별한 비법은 없습니다.

격언에 '시작이 있으면 끝이 있다'라는 말이 있습니다. 부모가 자식을 내 몸으로 낳았지만 자식은 얼마 지나지 않아 부모 곁을 떠납니다. 자녀와 함께 지낼 때 더 많이 대화하고, 사랑하고, 보살피고, 같이 아파하고, 같이 기뻐하고 그러는 것밖에 없습니다.

상담학에서 가장 중요하게 여기는 것이 아무리 바빠도 아이의 말을 우선적으로 많이 들어 주라는 것입니다. 끝까지 듣다 보면 대개 그 말 속에 답이 있고 결론도 있습니다. 부모가 성급하게 결론을 내려고 하면 대부분 좋은 결과를 얻지 못합니다."

박 선생님께서는 2021년 첫 산문집 『길에서 길을 묻는다』를 출간하셨습니다. 어떤 책인가요?

"그동안 써서 모아 두었던 재료를 묶어 '길에서 길을 묻는다'라는 타이틀로 책을 펴냈습니다. 나이 팔십에 책을 낸다는 것이 결코 쉬운 과정은 아니었지만 뜻이 있으니 할 수 있었습니다. 주변의 그 많은 도움이 어디서 왔나 생각해 보니 모두 하나님의 은혜였음을 감사하게 생각하고 있습니다."

가족을 좀 소개해 주십시오.

"40년을 한 직장에서 근무한 마취과 의사인 성실한 남편 박정우 씨와 타주에 살고 있는 두 아들, 그리고 하나뿐인 딸은 여기 라스베가스에서 가까이 살고 있습니다. 손주는 네 명 있습니다."

인간의 삶에 있어 가장 중요한 것이 무엇이라고 생각하십니까? 어떻게 사는 것이 가장 가치 있게 사는 것이라 생각하십니까?

"인간은 가족이나 배우자와 잘 지내면 좋지요. 삶에 있어서 좋은 인간관계에서 답을 찾는 것도 좋지만 결국 모든 인생은 외롭다고 생각하고 혼자서도 좋아하는 일을 만들어야 하겠지요. 그러한 가운데 남에게 선을 베풀고 행하며 겸손하게 이웃을 도와줄 수 있다면 금상첨화가 아닐까요."

박 선생님의 변화무쌍한 삶은 그 누구도 예측할 수 없다고 생각합니다. 그것이 선생님의 매력이기도 합니다. 그것이 어떤 것이 되었든 좋은 결과를 맺게 되길 바랍니다. 이제 곧 새해를 맞이하는 우리 한인 동포들에게 덕담 한말씀 부탁드립니다.

"우리 모두 한번 태어나면 언젠가는 끝이 오지만 전지전능하신 그 절

대자의 계획 속에 그 질서를 어찌할 수 없지요. 그럼에도 즐거움을 찾으며 살아가시길 바랍니다. 여러분 새해 복 많이 받으세요."

오늘 날씨는 조금 쌀쌀하지만, 선생님과 대화를 나누다 보니 마음이 따뜻해져 오는 것을 느낍니다. 오늘 말씀 감사합니다. (2023. 12. 8)

김택수 원로 의사

"쓸고 닦아도 언제나 곁에 있는 먼지가
내 어머니 같습니다"

    희망찬 2024년 새해를 맞이했습니다. 오늘은 은퇴하신 의사이시며 요즘도 사진, 시 창작 등의 분야에서 열정적으로 활동하고 계신 김택수(86세) 박사님을 모시고 말씀을 듣고자 합니다. 안녕하세요? 새해 복 많이 받으십시오.

    "초대해 주셔서 감사합니다. 2024년 '청용의 해'를 맞아 〈라스베가스 타임즈〉와 독자 여러분의 가정에 새로운 희망과 즐거움이 가득하시길 기원합니다."

    직접 쓰신 시와 사진들로 곧 전시회를 개최한다고 들었습니다. 준비하시느라 많이 바쁘실 텐데 시간을 내어 주셔서 감사합니다. 전시회는 언제

합니까?

"전시회는 1월 9일(화)부터 15일(월)까지 1주일간 하며 시간은 오전 11시부터 오후 3시까지입니다. 장소는 라스베가스 한인회 사무실 (5115 W. Spring Mtn. Rd. #201. Las Vegas, NV 89146)이며 오프닝 행사는 1월 9일 오후 3시에 합니다."

저는 이 〈초대석〉을 지난해 2월부터 매월 초 발행되는 신문에 연재하고 있는데 지금까지 모신 분들 가운데는 '만세! 할아버지 김영상 대령(88세)' '신일수 한양대 명예교수(81세)' '의료용어집을 출간한 유승복 선생(84세)' '해외문학상 신인상 수상 박경신 선생(83)' 등 팔십대 어르신이 네 분이나 됩니다. 이 시대가 장수 시대인 것은 알지만 이렇게 활발하게 활동하시는 어른들이 많다는 것은 우리 사회가 그만큼 건강한 사회임을 증명하는 것이기도 합니다. 이제 박사님 본인 소개를 좀 해 주십시오.

"저는 1937년 경기도 파주에서 태어나 1963년 서울대학교 의과대학을 졸업한 후 해군 군의관으로 3년 복무했고, 1966년 도미하여 인턴과 산부인과 레지던트를 루이빌 대학병원에서 마쳤고, 전문의 시험에 합격한 후 산부인과를 개업하여 25년간 켄터키와 미시건에서 일했습니다. 전문의가 된 후 육군 예비군에 지원하여 대령까지 진급했고 2005년 라스베가스로 이주해 현재 아내 이희련(이화여대 의과대학 졸업,

마취과)과 섬머린에서 살고 있습니다."

　박사님께서 간명하게 소개를 해 주셔서 평탄한 삶을 살아오신 것 같은 느낌도 듭니다. 어려움은 없으셨는지요?

　"그 시절은 모두가 어려웠죠. 저는 좀 특별히 어려웠지만 결코 불행했다고 생각지는 않습니다. 6.25 한국전쟁이 일어나던 해에 제 부친께서 공산당원들에게 납치당하셔서 부모님의 도움 없이 스스로 중, 고등학교와 대학교를 모두 마쳤습니다. 어렵게 들어갔던 경기중학을 못 다니고 천주교 계통의 동성중학을 장학금으로 졸업했고 보성고등학교는 학교 매점을 운영하면서 졸업을 할 수 있었고 서울 의대를 입학해서는 장학금을 받고 가정교사를 하면서 졸업할 수 있었습니다. 어려웠던 시절을 생각할 때마다 가슴은 아프지만 그래도 그러한 과정을 잘 이겨 냈기에 오늘까지 열심히 살고 있는 것 같습니다.
　한국에서 의과대학을 졸업 후 해군 군의관으로 입대하여 1965년 청룡부대 월남 이송 작전에 차출되어 월남전에도 참가한 바 있습니다."

　대한민국 해군으로 월남전에도 참가하셨군요. 미국에서도 미 육군 예비군에 지원하여 대령까지 진급하신 것으로 알고 있는데 그것에 관해 말씀 좀 해 주십시오.

"제가 미국에서 산부인과 전문의가 된 후 예비군으로 입대하여 소령으로 임관해 대령으로 퇴역할 때까지 11년간 근무했습니다. 예비군은 평소 월 1회 주말 훈련과 연 2주간의 군부대 훈련을 받아야 합니다. 물론 군의관은 의사로서 하는 일이 전부입니다.

1990년 걸프 전쟁 발발 시 상비군으로 동원되어 1991년 1월 이라크에 파병되어 미 제3 기갑사단을 지원하는 MASH(육군 이동 외과병원)에 소속되어 최일선에서 5개월간 근무했습니다. 서울의대 출신이 미국에 약 1,300명이 있는데 걸프 전쟁에 참가한 사람은 저 한 사람뿐인 것으로 알고 있습니다. 귀국 후 미 육군대학을 수료한 후 대령으로 진급했습니다.

제가 월남 전쟁에 한국군, 미군으로 참전한 특별한 관계로 인해 저는 현재 '대한민국 월남전 참전자 네바다지회' 이사장 직책을 2년째 맡고 있습니다."

라스베가스 한인 행사 때마다 노령이신 데도 불구하고 박사님께서 열심히 사진을 찍으시는 모습을 종종 볼 수 있었습니다. 박사님께서는 이미 라스베가스 한인 사회의 역사를 기록하는데 큰 몫을 담당하고 계십니다. 제가 지휘하는 서울문화원 주최 '100인 연합 성가합창연주회'도 매년 사진을 찍어 주셔서 기록뿐만 아니라 홍보자료로도 매우 유용하게 활용하고 있습니다.

박사님께서는 스스로 사진 찍는 것을 당신이 좋아서 하는 단순한 취미

활동이라고 하시지만 그 작품들은 이미 아마추어의 단계를 넘어 전문가의 수준에 이른다는 평가를 받고 있습니다.

"의사로서 은퇴 후 본격적으로 사진 작업에 전념할 수 있었습니다. 요즘도 사진과 함께 틈틈이 시도 쓰고 요리도 하고 또 클래식 음악도 즐겨 듣고 있습니다.

저는 사진으로 자연의 아름다움을 찍을 뿐만 아니라 다양한 표정의 인물 사진을 찍는 것도 좋아합니다. 실지로 지금까지 우리 라스베가스 지역 노년층 100여 분에게 실비나 무료로 백세 사진(?)을 찍어 드렸습니다. 사진을 받고 아이처럼 좋아하는 노인들을 보는 그것 또한 저의 큰 즐거움입니다."

박사님께서 2017년 서울대학교 의과대학 북미주 동창회가 주최하는 '제1회 시계탑 우수작품 작가상'에서 시 부분 장려상을 받았던 작품 「나의 조국」 가운데 아래의 부분은 박사님의 강직한 성품을 엿볼 수 있는 듯합니다.

주어도 받으면 안 된다는 생각보다
주는 것 안 받으면 바보라는 신념이
굳고 굳어져 펴질 줄 모르다가…

지금까지 지면을 통해 발표된 작품은 어떠한 것이 있습니까?

"오랫동안 시를 써 왔지만 공개적으로 발표한 것은 2015년 서울대학교 미주 동창회 우수 문학작품 공모에서 우수상을 받으면서부터입니다. 그때 상을 받은 작품은 「먼지」라는 작품입니다. 짧으니까 제가 한 번 암송하겠습니다.

    먼지
                김택수

    물걸레로 싹싹 훔쳐도 다시 오고
    먼지체로 탁탁 털어도 다시 오는
    먼지
    나와 무슨 인연이 있나보다
    돌아가셨을 때 화장되어 재가 되신
    우리 어머니
    이승의 이 아들이 못내 그리워
    저승에서 먼지 되어
    오시고 또 오시나 보다

제가 제 아내보다 먼저 은퇴를 하고 한때 집안일을 맡아 한 적이 있는데 왜 그렇게 집안에 먼지가 많은지 크게 놀란 적이 있습니다. 어느 날 며칠 전에 쓸고 닦은 피아노 위에 또 먼지가 있는 것을 보고 혹시 이

먼지가 내가 보고 싶어 날 보러 오신 어머니가 아닐까 하는 생각으로 쓴 시입니다."

  털어 버려야 할 먼지를 통해 어머니를 그릴 수 있다면 그것이야말로 시인의 마음입니다. 어머니에 대한 간절한 그리움이 제게도 느껴집니다.

  저는 개인적으로 박사님의 「바비 인형」이라는 작품을 좋아합니다. 감히 말씀드리면 박사님께서는 시를 쓰시지 않고 아름다움을 쓰십니다. 사랑을 쓰십니다. 인생을 노래하십니다.

>   (……)
>   하루 수십 번 똑같은 질문을 해도
>   맨 처음인 것처럼 대답해 준다
>   그녀에겐 항상 첫 질문이기 때문에
>   머리도 비껴주고 다듬어 준다
>   옷도 색깔과 스타일에 맞추어
>   빽과 구두도 색깔 맞춰 골라 준다
>   얼굴 화장도 도와주고 외출한다
>   내 아내는 나의 바비 인형
>   (……)

김택수의 「바비 인형」 중

박사님께서는 인생에서 가장 소중한 것이 무엇이라고 생각하십니까?

"인생에서 가장 소중히 여겨야 할 것은 '오늘'이라고 생각합니다. 오늘을 열심히, 전력을 다해, 하느님께 늘 감사하며 즐겁게 사는 것이 가장 귀한 인생이라고 할 수 있겠지요. 나머지는 '운명'입니다. 결코 내가 좌지우지할 수 없는…."

끝으로 우리 교민들에게 서해 덕담 한말씀을 부탁드립니다.

"새해를 맞이하여 댁내 하느님의 은총이 가득하시길 바랍니다. Happy New Year!"

오늘 바쁘신 중에도 귀한 말씀을 해 주셔서 감사합니다. 전시회의 성공을 빕니다. (2024. 1. 5.)

문병조 전 경북대 자연과학대학장

"노벨 화학상 후보자 추천위원, 세계인명사전 등재"

지난 1월 9~12일 라스베가스에서 열린 '2024 CES(소비자 가전 전시회)'는 전 세계인의 관심이 집중된 행사였습니다. 전 세계 4,000개 이상의 기업이 참가했고 한국 기업도 삼성, SK, LG, 현대자동차 등 800여 개가 참가해 미국, 중국에 이어 세 번째로 많이 참가한 나라가 되어 세계 속에서 높아진 한국의 위상을 또 한 번 확인하는 기회가 되었습니다. 오늘은 2016년부터 라스베가스에 거주하고 계시는 전 경북대학교 자연과학대학장 문병조 명예교수님(76세)을 모시고 말씀을 듣고자 합니다. 교수님 안녕하세요. 모시게 되어 영광입니다.

"부족한 사람을 초대해 주셔서 감사합니다."

바로 질문을 드리겠습니다. 과학이란 무엇입니까? 과학과 기술의 차이는 무엇입니까? 그리고 자연과학의 영역은 어디까지입니까?

"과학이란 자연이나 사회 세계에서 일어나는 여러 현상에 대하여 체계적인 방법(실험)으로 실험하고 증명하여 얻어진 지식을 일컫는 것이지요. 특별히 물리적인 세계와 현상에 관련된 지식을 자연과학이라 하지요. 따라서 자연과학에는 수학, 물리학, 화학, 생명과학, 지구과학, 천문학 등이 있습니다. 기술은 개념적인 지식(과학이론)을 우리 생활에 유용하게 사용하기 위하여 가공하는 수단을 일컫는 것이라 정의하고 있습니다.

과학과 기술의 차이는 과학은 이론이고 지식이고 기술은 이론을 우리 생활에 유용하게 사용할 수 있도록 만든 수단이라 할 수 있습니다. 쉽게 이야기하면 우리가 사용하는 냉장고에서 공기의 냉각 등 냉장의 가장 기본원리는 과학(물리)이고 이 원리를 이용하여 실제 냉장고를 개발 생산하는 것은 기술입니다."

이제 교수님 본인에 대해 소개 좀 해 주십시오.

"저는 1947년 경남 거창에서 태어나 경북고등학교, 영남대학교 약학과를 졸업하고 1976년 미국으로 유학 와서 1981년 University of Wisconsin-Madison에서 의화학(Medicinal Chemistry)으로 박사학위

(Ph. D)를 취득해서 연구원으로 연구하다 귀국해서 경북대학교에서 교수로 재직하며 학생을 가르치고 연구를 했습니다. 경북대학교 재직 중 영국 런던대학교(King College), 브리스톨 대학교에서 수년간 연구교수로 일했고 또 일본 치바공과대학에서 연구교수로 연구를 하였습니다. 퇴임 후 아내(김혜영)와 함께 자식들이 있는 미국으로 2016년 이주하여 현재 큰아들이 있는 라스베가스에서 살고 있습니다."

그동안의 활동도 함께 말씀해 주십시오.

"제가 미국에서 박사학위를 한 1980년대 초에는 우리나라가 막 산업화를 시작으로 도약을 시작할 때였지요. 그래서 해외에서 활동을 하는 고급 인력이 필요한 때였습니다. 그래서 저도 한국 정부의 해외과학자 유치계획에 부응해 귀국해서 대학에서 우리 사회가 필요로 하는 인력들을 양성하고 첨단 연구하였습니다. 대학에 재직 중 자연과학대학 학장, 전국 국립대학교 자연과학대학 학장 협의회 회장으로 청와대, 교육부, 과학기술부 등에 한국 대학의 기초과학진흥을 위해 자문한 것 등은 작은 봉사가 아니었나 생각됩니다. 저는 다행히 강의에 조금 달란트가 있어 많은 학생들이 저의 강의를 좋아하였고 항상 제 강의에 많은 학생이 모였고 여러 우수한 학생들의 진로 결정에 많은 영향을 준 것도 보람된 일이었고 대학 추천으로 한국교원 신문에 우수강의 교수로 기사화한 것도 교수로는 보람된 일이었습니다.

저는 대한화학회, 한국생화학회, 한국 분자생물학회, 한국과학연구회, 미국 화학회, 미국 유전자 치료학회에 참여하여 활동하였고 여러 세계 학술지에 우수한 논문도 발표할 수 있어 스웨덴 왕립과학 아카데미에서 노벨 화학상 후보자 추천위원으로 초청되었고 세계인명대사전 『Who's Who in the World』에 등재되어 있음을 보람되고 뿌듯하게 생각하고 있습니다."

우와! 정말 대단한 분이 우리 라스베가스에서 조용히 살고 계셨군요. 노벨 화학상 후보자 추천위원과 각 분야 최고 3%만 등재한다는 세계인명사전 『Who's Who in the World』 등재 등은 라스베가스에 살고 있는 우리 한인 동포 모두에게 큰 자랑거리로 생각됩니다.

오늘날 많이 언급되고 있는 AI(인공지능)와 ChatGPT에 관한 말씀 좀 해 주십시오.

"AI는 사람이나 동물이 가지는 지능과 달리 기계 혹은 소프트웨어가 가지는 인공적인 지능이지요. 두뇌를 가진 사람 같이 사용할 수 있도록 인간이 개발한 지능을 가진 기계로서 AI는 컴퓨터 과학의 한 분야로서 AI라고 불리는 많은 기계들이 개발되고 있습니다. AI 기술은 산업과 과학 분야에서 많이 사용될 뿐 아니라 벌써 우리도 일상생활에서 없어서는 안 될 정도로 많이 사용하고 있습니다. 예로서 인터넷 접속, Google 검색, Amazon, YouTube, Netflix, 자동차의 자동주행 등에서 AI를 사용하고 있습니다. ChatGPT는 생성형 AI로서 대화형 AI라고 하는 것처럼 컴퓨터와 대화 형식으로 말을 걸고 작업 명령을 하면 컴퓨터가 작업을 수행해서 알려 주는 AI로서 그 성능이 너무나 뛰어나서 우리 인간을 뛰어넘는 능력을 보이기도 하여 우리를 놀라게 하며 심지어 인류의 미래에 결정적 영향을 끼칠 수 있을 것 같아 염려까지 되고 있습니다.

ChatGPT가 나온 후 GPT-4라는 더욱 성능이 향상된 것이 개발되었습니다. 이는 엄청난 컴퓨터 성능 V100 GPU칩은 1초에 125조 이상의 병열계산(더하기, 빼기)으로 데이터 처리)과 저장용량의 개발로 가능해졌는데 이들의 원리는 컴퓨터에 엄청난 양의 자료(3천억 개의 단어, 5조 개의 문장, 이미지 등)를 학습시킨 후 컴퓨터가 학습된 자료에서 통계처리에 기인하여 잠재된 패턴을 찾아내어 해답을 주는 것입니다. 따라서 무엇이든지 컴퓨터에게 대화로 묻고 작업을 지시하면 즉시(일반적으로 수 초 내) 답을 주거나 작업을 수행해서 결과를 주게 됩니다."

정말 엄청나군요. 말씀만 들어도 두렵습니다.

"AI를 개발 시작할 때에는 분류와 같은 단순, 반복작업 등을 담당시켜 인간을 단순, 반복작업에서 해방시키고 제품의 생산단가를 낮추고자 시작하였는데 AI가 개발되고 있는 현재 벌써 단순 반복작업 일자리뿐만 아니라 많은 고등 인력 일자리가 AI에 의해 위협을 받고 있어 사회적으로 큰 문제들이 되고 있습니다. 가까운 미래에 일의 특성이 잠재된 패턴이 있는 여러 종류의 직업들이 AI에 의해 대체될 수 있을 것으로 보고 있습니다. 없어질 수 있는 일자리로는 고객지원센터(콜센터), 컴퓨터 개발자(Programmer), 주식 트레이더, 작가, 컴퓨터 그래픽 작가, 성우, 법률 사무직 등이 있습니다. 어린아이를 둔 부모들은 아이의 장래 직업 등에 대해 많은 고민을 할 수밖에 없는 때가 되었습니다.

지난 20~30년을 인터넷의 시대라고 한다면 앞으로 20~30년은 AI 시대라고 할 수 있겠지요. 벌써 1억 명 이상이 ChatGPT, GPT-4를 사용하고 있다고 합니다."

교수님께서는 2005년에 『로마서 읽기』(도서출판 '아름다운 사람들')라는 제목의 책을 출간하셨습니다. 그 책에 관해 소개 좀 해 주십시오. 자연과학 학자가 신앙 서적을 출간하신 것이 다소 신선하게 느껴지기도 합니다.

"저는 다행히 신앙적으로 매우 좋은 스승을 만날 수 있었습니다. 스승이신 김치영 목사님은 미국에서 신학 공부를 하시고 부산 신학대학교 학장을 역임하시고 제가 다닌 교회 담임 목사님이셨는데 루터, 칼뱅 신학에 저명한 신학자였습니다. 그분의 로마서 강해는 너무나 훌륭한 강해여서 가능한 여러 사람과 공유하고 싶어 목사님이 별세한 후 제가 부족하지만 목사님의 가르침을 모아 정리하여 『로마서 읽기』라는 책을 출판하게 되었습니다.

로마서는 66권의 성서 중에서 가장 신학적으로 완전한 성서라고 알려져 있지요. 인간에게 왜 구원이 필요한가, 필요한 구원을 어떻게 받을 수 있는가, 구원받은 자가 어떻게 삶을 살아야 하는가에 대하여 가장 잘 말씀하신 성서이기 때문이지요. 우리 모두는 죄로부터 죽을 수밖에 없는 존재이고 구원을 얻는 방법은 우리 자신에서 있을 수 없고 우리를 위해 십자가에서 우리를 대신하여 죽으신 예수를 믿는 자에게 구원을 주시겠다는 하나님께서 값없이 주시는 은혜를 믿는 길밖에 없다는 진리를 말씀하시기 때문이지요.

조금 안타까운 것은 많은 기독교인이 하나님의 예수를 통한 구원의 은총을 전적으로 믿지 못하고 교회출석, 헌금, 봉사 등 내가 무엇이라도 좀 열심히 노력해서 소위 좋은 믿음이라는 것을 가져야만 구원을 얻을 수 있다고 생각하고 율법으로부터 자유로워지지 못하고 있는 것을 볼 때입니다. 진리는 우리를 자유케 한다고 했습니다. 이 책이 진리를 바로 깨닫고 자유케 되는 데 도움이 되었으면 하고 바라고 있습니다."

끝으로 우리 한인 동포들에게 한말씀 해 주십시오.

"기후변화에 의하여 이상기후가 일상인 때가 되었습니다. 건강 잘 관리하시고 행복하시기를 기원합니다."

가슴 벅찬 인터뷰를 진행할 수 있게 해 주셔서 감사합니다. 늘 건강하시고 더 깊은 사색과 연구가 있기를 바랍니다. (2024. 2. 2.)

박영진 전 경희대 골프산업학과 교수

"자신의 골프 목적을 이루면 그것이 잘 치는 골프입니다"

3월! 완연한 봄입니다. 봄은 언제나 우리의 가슴을 설레게 합니다.

오늘은 한국의 대학에서 학생들에게 골프를 가르치시다 최근 정년퇴임과 함께 라스베가스로 이주해 오신 전 경희대학교 체육대학 골프산업학과 박영진 교수님을 모시고 골프에 관한 말씀을 듣고자 합니다. 안녕하세요? 모시게 되어 영광입니다.

"안녕하세요? 아직 라스베가스 초년생인 저를 귀한 지면에 초대해 주셔서 감사합니다. 독자에게 유익하고 재미있는 인터뷰가 돼야 할 텐데 걱정입니다."

별말씀을요. 편하게 말씀해 주시기를 바랍니다. 먼저 본인 소개를 부탁드립니다.

"저는 교육자이신 부모님의 6남 1녀 중 여섯째로 태어났습니다. 저는 많은 시간을 학교 안 사택에서 생활했기에 학교 운동장이 제 집 앞마당이었고 학교의 모든 체육시설이 저의 놀이기구였습니다. 그런 이유로 저는 모든 스포츠 활동을 좋아했고 체육대학에 입학했고 체육대학 교수가 되었습니다.

아내(김길애)와 결혼 후 1983년 미국 인디애나에 유학을 와서 석사 과정을 마치고 미네소타주에 있는 University of Minnesota에서 생체역학(Biomechanics) 분야의 박사 학위를 취득하였습니다. 1988년 서울 올림픽 때 귀국하여 경희대학교에서 35년간 근무하였습니다.

대학 교수로 있는 동안에도 학교 밖의 두 가지 일에 힘을 쏟기도 했습니다. 그 하나는 교회 내 입양 가족들의 모임을 만들고 미혼모와 자녀를 돌보고 국내 입양을 권장하여 해외 입양을 줄이는 활동을 하였고, 또 다른 하나는 한국 대학 골프연맹의 회장으로서 대학 골프 선수들의 기량 향상을 위해 대회 운영과 여러 국제대회에 참가했습니다.

퇴직 후 아들과 딸이 있는 라스베가스로 와 현재 감사하는 마음으로 좋은 분들과 함께 즐겁게 지내고 있습니다."

방금 하신 말씀 가운데 '골프산업학과'라는 단어가 다소 생소하게 느껴집니다. 이 학과에 관해 소개 좀 해 주십시오.

"골프와 관련된 산업은 선수들의 시합과 관련된 방송, 홍보 외에도 골프장 경영과 관리, 골프 장비, 의류, 신발에 이르기까지 다양하며 현재 그 규모가 점점 커가는 추세입니다.

제가 유학 시절 미국의 몇 개 대학에서 Professional Golf Management Program(PGMP)을 운영하는 것을 알게 되었고 한국으로 돌아가 골프 붐이 한창이던 1999년에 국제적 수준의 골프선수 양성, 골프장 전문관리인 및 경영인, 우수한 골프 전문 지도자 양성 등을 목적으로 체육대학 내 골프산업학과를 신설하였고 지금까지 소위 인기 학과로서 자리 잡고 있습니다."

사람들은 왜 골프를 칩니까? 골프의 매력은 무엇입니까?

"모든 스포츠는 각각의 독특한 매력을 가지고 있다고 봅니다. 그래서 사람들은 각자의 취향에 갖는 스포츠를 선택해 직접 참여하면서 즐기거나 때로는 그것을 보면서 간접적으로 즐깁니다.

골프는 공을 가지고 하는 스포츠 중에서 경기장이 가장 넓고 디자인이 다양하고 잘 정돈이 되어 있을 뿐만 아니라 식당, 회의장, 헬스장, 수영장 등 각종 부대 시설도 있어 많은 활동을 함께 할 수 있어서 많은 매력을 가지고 있다고 생각합니다.

골프를 하는 이유는 사람들의 취향만큼이나 다양할 것입니다. 뛰어난 소질이 보이는 학생들은 유명한 프로 골퍼가 되고 싶은 희망으로 골프를 할 것이고, 직장 생활에 바쁜 직업인들은 스트레스를 풀고 자연을 즐기기 위해 할 수도 있고, 사업하는 사람들은 거래의 수단으로 활용할 수도 있을 것이고, 노년에는 건강관리를 하면서 사교를 위해서 하는 사람이 대부분일 것입니다.

저의 경우에는 한국에서는 예약의 어려움, 시간상의 어려움, 경제적인 어려움, 동반 경기자를 찾는 어려움 등으로 골프에 배고픔을 느끼다가 은퇴 후 이곳 라스베가스로 오니 모든 어려움이 해결되어 좋은 분들과 함께 즐거운 시간을 만끽하고 있습니다. 활기찬 노년기를 위해 젊을 때 골프를 배워 두는 것은 좋은 선택이라고 봅니다."

골프를 좋아하는 독자들은 이 인터뷰 기사를 특별히 관심을 두고 읽을 것 같습니다. 그분들을 위해 골프를 잘 치는 방법이 있다면 좀 알려 주십시오.

"스포츠는 경쟁이 따릅니다. 골프는 각 선수가 18홀의 1라운드 경기 중 각자가 친 타수를 1~4일간 누적하여 타수가 적은 선수가 이기는 경기입니다. 모든 스포츠가 다 그렇듯 골프 선수들 또한 어렵게 디자인된 골프장에서 다른 선수보다 적은 타수로 라운드를 마치기 위하여 정말 많은 노력을 합니다.

그렇지만 일반 아마추어 골퍼들에게 '잘 친다'는 의미는 제각기 달라야 할 것입니다. 각자 골프를 하는 목적을 이루면 잘 치는 것이라고 봅니다. 즐거운 마음으로 집으로 돌아온다면 그날 골프는 잘 친 것입니다. 물론 스코어가 좋은 날은 그 즐거움이 배가 되겠지요."

대한민국은 비교적 국토도 좁고 좋은 잔디밭도 많지 않고 골프의 역사도 그리 길지 않음에도 세계 대회에서 좋은 성적을 내는 선수들이 많습니다. 특히 여자 골프는 최정상입니다. 그 이유가 어디에 있다고 보십니까?

"첫째는 부모의 높은 교육열에 있다고 봅니다. 교육자의 시각에서 볼 때 때로는 무모하고 위험하다고 생각될 만큼 부모님들의 집중력은 대단합니다. 이러한 부모의 헌신과 희생이 한국 선수들에게 긍정적인 부담감을 주어 경기에서 최선을 다하는 승부 근성의 원동력이 되었다고 봅니다.

둘째는 골프 경기가 한국인에게 잘 맞는다고 생각합니다. 골프는 다른 스포츠에 비해 체력이나 체격의 영향을 적게 받는 면이 있고 정신력(심리적인 면)에 많은 영향을 받는 종목이라 집중력이 강하고 승부 근성이 강한 한국 선수에게 유리하게 작용하고 있다고 생각합니다. 그리고 빼놓을 수 없는 것이 대한골프협회, 남녀 프로골프협회, 대학연맹과 중고연맹과 같은 골프 관련 단체의 유기적이고 헌신적인 노력이 뒷받침되었다고 생각합니다."

박 교수님께서 보시기에 한국인들이 골프장에서 삼가야 할 것은 어떤 것이 있습니까?

"한국인들의 승부 근성은 과히 세계적입니다. 단순한 놀이 문화를 '내기'라는 형태로 변형시켜 즐깁니다. 특히 골프는 다양한 승부를 걸 수 있는 스포츠에 속합니다. 간단하게는 골프 경비 내기, 식사비 내기 등으로 시작하여 큰돈이 오가는 경우에 이르기까지 다양합니다. 비교적 많은 시간을 같이 보내면서 지나친 승부욕으로 서로의 마음이 상하는 것은 누구에게도 득이 되지 않겠지요. 무엇이든 선용하면 유익하고 악용하면 해가 되는 법입니다."

골프와 관련해 더 하고 싶으신 말씀이 있으면 해 주십시오.

"골프는 자기 공을 자기가 치면서 스스로 경기규칙을 지켜야 하는 경기입니다.

경기장이 넓어서 잘 드러나지 않기 때문에 공을 약간 치기 좋은 위치에 옮기는 사소한 규칙 위반을 하고 싶은 충동이 일어나기도 하고 자신이 한 샷이 마음에 들지 않을 때 분노가 일어나기도 합니다. 특히 상금이 많이 걸려 있는 대회나 자격을 결정짓는 상황에서는 더욱 심하게 됩니다. 간혹 선수 중에는 남모르게 반칙하다 갤러리의 제보나 카메라에 잡혀 벌타를 당하거나 대회 출전 자격을 박탈당하는 경우도 있고, 자신의 분노를 통제하지 못해 경기를 스스로가 망쳐 버리는 것을 흔히 봅니다. 반면에 드러나지 않은 자기 잘못을 스스로 밝히고 벌타를 자처하는 선수가 있는가 하면, 어려운 상황에서도 자신을 잘 통제하여 위기를 극복하는 경우도 많이 볼 수 있습니다.

  골프 경기를 통해서 우리의 본능적인 충동을 억제하고 규칙을 잘 지키는 좋은 습관을 훈련하느냐 마느냐는 우리의 선택에 달려 있지 않을까요?"

인간이 살아가는 데 가장 중요한 덕목은 무엇이라 생각하십니까?

"골프에서 중요한 두 가지 요소가 방향(정확성)과 볼의 비거리입니다.
  저는 제 인생의 정확한 목표를 향하여 열심히 가는 것이 중요하다고 생각합니다. 남보다 멀리 가면 좋겠지만 그것보다 더 중요한 것은 제가 노력한 만큼 갈 수 있는 것에 감사하고 만족하는 것이 중요하다고 봅니다."

앞으로의 계획이 있으시면 소개 좀 해 주십시오.

"저는 멋있는 크리스천으로 늙고 싶습니다.
  제가 교육에 경험이 있다고 하여 얼마 전부터 휄로쉽교회에서 운영하는 한국학교의 교장을 맡고 있습니다. 우리 어린이들에게 한국의 문화와 역사, 한글을 가르치는 매우 중요한 일이므로 최선을 다해 하나님이 주시는 지혜로 노력할 예정입니다. 그리고 라스베가스 시니어 골프 문화를 건전하게 활성화하는 데 힘을 보태고 싶습니다."

긴 시간 동안 말씀해 주셔서 감사합니다. 성공적인 활동을 기대합니다. (2024. 3. 8.)

이지현 피아니스트

"피아노는 표현과 소통의 수단"

아름다운 오월입니다. 오늘은 지난 3월 말 라스베가스 Winchester Dondero Cultural Center에서 '여성 작곡가 연주회'(Women Composers Concert)를 개최한 'Music of Women Composers Series'의 설립자 겸 피아니스트 이지현(미국명 Cindy Lee) 님을 모시고 여성과 피아노 음악과 음악교육에 관해 말씀을 듣고자 합니다. 안녕하세요? 초대에 응해 주셔서 감사합니다.

"안녕하세요, 피아니스트 이지현입니다. 초대해 주셔서 감사합니다."

먼저 본인 소개를 부탁드립니다.

"저는 한국에서 태어나 대학을 졸업할 때까지 서울에서 살았습니다. 클래식 음악에 조예가 깊은 부모님 덕에 어렸을 때부터 클래식 음악을 자연스럽게 접했고, 5살 때부터 피아노를 배우기 시작해 선화예술중/고등학교 피아노과와 연세대학교 작곡과를 졸업했습니다.

대학 졸업 후 결혼과 함께 미국으로 이주하여 맨하탄 음대에서 반주학과 석사과정을 마친 후 맨하탄 음대 스태프 피아니스트로 재직했고 이후 한국에 돌아가 약 6년간 음악대학에서 가르치는 동시에 오페라단과 여러 음악 연구단체에서 피아니스트로서 활동했습니다.

아이들 교육을 위해 2011년 미국으로 왔으며 2014년 라스베가스 UNLV에서 스태프 피아니스트로 수년간 있었고 현재 연주 활동과 함께 학생들을 가르치고 있습니다."

20세기까지만 하더라도 서양 음악사에 여성이 등장하는 것은 매우 드물었습니다. 어떻게 'Music of Women Composers Series'를 시작했으며 그 활동을 소개 좀 해 주십시오.

"'Music of Women Composers Series'는 2020년에 시작되었으며 그해 첫 연주회를 가진 이후 매년 세계 여성의 달인 3월에 Winchester Theater 등에서 연주회를 계속하고 있습니다.

이 음악회 시리즈는 6년 전쯤 우연히 한 피아니스트가 연주한 여성 작곡가 클라라 슈만의 '녹턴' 영상을 접한 것에서부터 시작되었습니다.

작곡가 로베르트 슈만의 아내인 클라라 슈만이 작곡가이자 피아니스트인 것은 알고 있었지만 그 작품에 대해서는 아는 바가 거의 없었기에 그 영상을 보는 순간 깊이 매료되었고, 이 곡을 무대에서 연주해야겠다는 생각했습니다. 그것을 계기로 여성 작곡가들의 작품을 더 찾아보게 되었는데, 그 작품들의 놀라운 수준과 아름다움에 매료되었습니다.

'Music of Women Composers Series'와는 별개로 저의 친자매인 피아니스트 Yoon Lee(한국명 이정윤), 음악학자인 Jung-Min Mina Lee(한국명 이정민)과 함께 'Lee Sisters Duo Piano Series'도 몇 년에 한 번씩 가지고 있습니다."

'여성 작곡가 시리즈' 기획 외 오랫동안 음악 교육자로 활동하신 것으로 압니다. 그 활동에 관해 얘기 좀 해 주십시오.

"앞서 언급했듯이 저는 맨하탄 음대에서 석사과정을 마친 후 한국으로 돌아가자마자 감사하게도 여러 음악대학의 피아노과와 반주학과에서 실기와 이론을 가르치게 되었습니다. 그렇게 6년간 교단에 서다가 미국으로 돌아온 후에는 개인 스튜디오에서 학생들을 가르치기 시작했습니다. 2022년부터는 Nevada School of the Arts(NSA)라는 비영리 예술교육재단의 피아노과 디렉터로도 재직 중입니다. NSA에서는 피아노과의 프로그램을 만들고, 도제 콩쿠르를 운영하고, 영재장학프로그램을 진행하는 등의 교육시스템을 구축하는 일을 주로 하고 있습니다.

또 Las Vegas Music Teachers Association(LVMTA)에서 주최하는 콩쿨인 Bushell Competition의 chairperson을 맡고 있으며, Nevada Music Teachers Association에서 주최하는 콩쿨인 Silver State Competition의 Chairperson도 몇 년간 맡았습니다. LVMTA의 부회장직을 역임했었고, 현재도 board member로서 활동하고 있습니다. 작년부터는 여러 국제 음악 콩쿠르에 심사위원으로 위촉되어 거의 매달 한두 개의 콩쿠르를 심사하고 있습니다.

2023년에는 세계 최고 명성의 피아노 회사인 Steinway & Sons에서 2년에 한 번씩 '피아노 교육에서 뛰어난 교육과 리더십, 그리고 10년 넘게 지역 사회에서 가르치기 위한 헌신'을 가진 교육자를 선정하는 Teacher Hall of Fame에 선정되었습니다."

한국과 미국의 피아노 교육의 차이점이 있다면 어떤 것입니까?

"가장 큰 차이라면 피아노 교육의 목표와 방향성이라고 생각합니다. 한국의 음악 교육은 어렸을 때부터 완성도와 효율성을 추구하는 반면, 미국의 음악 교육은 배우는 과정과 그 의미에 더 중점을 둔다고 느낍니다. 다시 말해 한국의 학생들은 선생님의 지도하에 처음부터 정답에 가까운 연주를 배운다면, 미국의 학생들은 어떻게 생각하고 느끼는지, 왜 그렇게 연주하고자 하는지 스스로 생각하고 답을 찾아가는 방법을 배운다고 생각됩니다.

또 다른 차이라면, 미국의 피아노 교육은 실생활과 밀접하게 연관이 되어있다는 것을 느낍니다. 전공생이 아니어도 음악을 높은 수준까지 진지하게 배우는 학생들이 많은 이유가 여기에 있다고 생각합니다. 제 학생들을 예를 들면 가족과 친구들을 초대해 홈 리사이틀을 한다든지, 실버타운을 찾아가 연주 봉사활동을 하는 등 피아노를 실제로 소통과 나눔의 수단으로 사용하고 거기에서 즐거움을 찾습니다. 음악 그 자체를 즐기는 태도가 미국에서 학생들을 가르치며 발견한 점입니다."

현재 수많은 아이가 피아노를 배우고 있다고 봅니다. 또 많은 부모가 자기 자식에게 피아노를 가르칠 것인가를 놓고 검토하고 있다고 봅니다. 이들에게 해 주고 싶은 얘기가 있다면 무엇입니까?

"음악은 듣기 좋은 것이기 때문에 악기를 연주할 줄 알게 됨으로써 얻는 정서적 만족감 그 자체만으로도 피아노를 가르칠 이유는 충분하다고 봅니다. 그러나 더 중요한 것이 있습니다. 좋은 음악교육은 단순히 악기를 다루는 법을 가르치는 것이 아닙니다. 좋은 교육자에게서 제대로 된 교육을 받는다고 가정했을 때, 음악을 배움으로써 학생들은 음악이라는 문화를 이해하고 존중하는 법을 비롯해 집중력, 인내력, self awareness, mind control, time management 등의 인생에서 필수적인 능력을 배우고 훈련하게 됩니다. 이것은 음악을 전공하지 않아도 평생을 살아가는 데 큰 자산이 될 것임이 틀림없습니다.

음악을 배운 아이들이 음악을 배우기 이전보다 훨씬 더 성숙해지고 단단해지는 것을 긴 세월 학생들을 가르치면서 봐 왔습니다. 이런 가치는 꼭 피아노가 아니라 다른 악기를 통해서도 배울 수 있습니다. 다만 피아노는 가장 기본적이고 종합적인 악기이기 때문에, 피아노로 음악 교육을 시작하는 것이 바람직하다고 할 수 있겠죠."

활동적인 분이라 앞으로의 계획도 많을 것 같습니다. 어떤 것을 구상하고 있는지요?

"언제나 새로운 구상이 많은데요, 최근에 NSA의 디렉터로서 Las Vegas Academy of the Arts의 학생 중 오디션으로 선발된 장학생에게 체계화된 음악 영재교육을 제공하는 Gifted Young Artist Program을 시작했습니다. 올 봄 학기에 두 명의 학생으로 시작했는데, 앞으로 이 프로그램을 더욱 활성화해 더 많은 재능 있는 학생들이 꿈을 현실화시키는 데 힘이 되고 싶습니다.

몇 년 전 라스베가스 타임지에 2년간 기고했던 음악 칼럼을 바탕으로 클래식 음악을 대중에게 쉽고 친근하게 전하는 책을 내고 싶은 꿈도 있고, 저의 피아노 교육 경험을 바탕으로 teaching method book을 출판하고 싶은 꿈도 몇 년 전부터 가지고 있습니다.

여성 작곡가들의 작품과 동생들과 하는 'Lee Sisters Concert Series'를 레코딩할 계획도 있습니다. 저는 하루가 48시간이면 좋겠다는 생각을 자주 합니다."

계획하시는 일들이 모두 이루어지길 바랍니다. 오늘 좋은 말씀 감사합니다. 저도 오랜만에 음악 얘기를 나누면서 행복했습니다. (2024. 5. 10.)

이혜자 무용가

"진짜 춤을 사랑하는 사람"

 요즘 라스베가스 한인 가운데 가장 많이 뛰는 사람이 누구일까요? 그것도 매일매일 펄쩍펄쩍 뛰는 사람이 누구일까요?
 오늘은 고령이심에도 불구하고 아직도 직접 무용 지도와 무대에서 춤을 추고 있는 라스베가스 춤사랑무용단 이혜자(Helen Lee) 단장님을 모시고 말씀을 듣고자 합니다. 안녕하세요? 대단히 바쁘신 분을 모실 수 있어 영광입니다.

 "아닙니다. 귀한 지면에 초대해 주셔서 제가 영광입니다."

 제가 서두에 무례하게 '고령'이라는 단어를 사용했습니다. 용서를 바랍니다. 저는 이 단장님께서 많은 연세에도 불구하고 열정적으로 사시는 모습이 좋아 이것을 널리 알리고 싶어 그것을 강조했습니다. 이 기사가 많은 시니어에게 자신의 생활을 되돌아보는 계기가 되었으면 좋겠습니다. 먼저 본인 소개를 부탁드립니다.

"80세를 '고령'으로 말씀하신 것이 결코 결례는 아니지요. (웃음)

저는 1944년 3남 2녀 중 장녀로 5대째 기독교 가정에서 태어났습니다. 비교적 경제적으로 어렵지 않은 환경이었기에 일찍부터 음악, 무용, 체육 등 여러 예능 교육을 받을 수 있었고 어릴 때부터 특별히 춤추는 것을 좋아해 무용을 전공하게 되었습니다.

중앙대학교 예술대학(구 서라벌예술대학, 서울) 무용과를 졸업했고 그 후에는 서울시립예술단에서 무용수와 궁중악기인 공후, 비파, 가야금을 하게 되어 그것이 후일 무용을 하는 데 큰 도움이 되었습니다. 이후 대명실업중고등학교 무용 교사로 근무하기도 했습니다."

1950, 60년대 한국 사회의 분위기로 무용을 전공하는 것이 결코 쉽지 않으셨을 텐데 집안의 반대는 없었습니까?

"앞서 말씀드렸습니다만, 저희 가정은 선교사들로부터 복음을 받아들여 비교적 일찍 개화된 집안이었습니다. 그 당시 어려운 한국 실정이었음에도 여성 교육을 소중하게 생각하시는 부모님 덕분에 특별한 어려움 없이 무용을 공부할 수 있었습니다."

미국은 어떻게 오셨으며 라스베가스는 또 언제 오셨습니까?

"1979년 저희 가정도 대부분의 가정처럼 아이들 교육을 위해 시카고로 이민 왔습니다. 남편(이재국)은 한국의 모 기업 뉴욕 지사장으로 재직했고 퇴직 후에는 연방 정부 우정국에서 근무하다가 2013년에 은퇴했습니다. 그리고 은퇴 이듬해인 2014년 라스베가스로 이주했습니다. 우리 가족도 이제 라스베가스 생활 10년이 되었습니다."

이민 오셔서도 활동을 않고 가만히 계시진 않으셨을 것 같습니다.

"그랬죠. 시카고에서 '춤사랑무용단'(Choomsarang Dance Group)을 창단하여 미 주류사회인 산업과학박물관, 초중고등학교와 대학, 각 타운의 공립도서관, 군부대, 공공기관 단체 등을 찾아가 매년 30, 40회 공연을 했습니다. 2008년에는 한국의 안산을 비롯한 다섯 개 도시의 순회공연을 통해 해외에서 활동하는 한국무용단을 국내에 소개하는 한편 한국무용단들과의 교류를 통해 수준 높은 한국 무용을 배우는 기회를 갖기도 했습니다.

2010년에는 페루를 시작으로 멕시코 등의 중남미와 유럽 각국을 순회하는 공연도 했습니다. 한국 경기도 안산시의 한 신문에 제가 '춤추는 어머니 대사'라는 제목으로 소개되기도 했습니다."

대단하셨네요. 요즘은 어떤 공연을 얼마나 하시나요? 최근 공연 몇 개를 소개해 주십시오.

"2024년 연초 'Asian Lunar New Year'에서 공연했고, 2월에는 라스베가스 한인회 주최 '베가스 시니어 초청 구정잔치', 3월 재능기부협회 주최 '사랑과 평화'에 참가했고, 5월에는 'Asian Cultural festival'(5/11), 'Nellis Navy 부대 방문 공연'(5/17), 'Asian American Culture Month' 행사 참가(5/19), 'Atomy Expo Products Party'(5/25) 초청 공연 등을 이어가고 있습니다."

서두에 제가 '요즘 라스베가스에서 가장 많이 뛰는 사람, 매일매일 뛰는 사람이 누굴까요?'라는 질문을 드렸는데 그분이 바로 이 단장님이신 것 같습니다.
이제 춤에 관한 말씀을 듣고자 합니다. 춤이란 무엇입니까?

"춤은 인간이 표현하고자 하는 생각이나 그 어떤 내용 혹은 의미를 몸의 움직임으로 표현하는 것입니다."

일상의 몸짓과 춤은 어떻게 다릅니까?

"원시시대에는 소통을 위해 몸짓이나 그림 등으로 표현했으며 그러한 움직임을 시작으로 동작을 연결하여 춤이 만들어질 수 있었습니다. 춤은 몸짓으로 언어를 전달하는 감각일 수도 있으며 기술화된 몸동작으로 인간의 희로애락을 표출시키는 예술입니다."

지금까지 하신 공연 중 특별히 인상적인 공연이 있다면 소개해 주십시오.

"미국 학교 방문 공연은 늘 새로운 감동을 주었습니다. 일리노이주 정부 교육부를 통하여 시카고 공립 초중고등학교를 순회공연 할 때마다 학생들로부터 한국 춤의 동작과 함께 의상과 소품에 관한 질문을 받았는데 그럴 때마다 우리의 조국인 한국이라는 나라를 소개하는 것이 무척 즐겁고 자랑스러웠습니다. 공연을 바라보던 초롱초롱한 아이들의 눈빛을 잊을 수가 없고요. 남미 공연 때는 수천 명이 모인 체육관에서 우리의 북소리가 울려 퍼질 때 감격하여 눈물을 흘렸습니다. 그 북소리와 관객들의 함성도 잊을 수가 없습니다."

어떻게 하면 춤을 잘 춥니까?

"세 가지를 많이 해야 합니다.
첫째는 좋은 공연을 많이 봐야 합니다. 보지 않고서는 알지 못합니다. 공연장을 스스로 찾아다니며 동료, 스승의 춤을 찬찬히 관찰하듯 살펴봐야 합니다.

둘째는 음악을 많이 들어야 합니다. 몸은 소리에 반응합니다. 음악의 강약을 알아야 그것을 춤어 이용할 수 있습니다. 음악을 들으며 마음의 안정을 찾는 것도 매우 중요합니다.

셋째는 연습을 많이 해야 합니다. 무용도 그 모든 것처럼 연습한 만큼 무대에서 표현할 수 있습니다. 반복되는 과정을 통해 감성, 감정의 몰입과 함께 춤이 형상화됩니다."

한국 춤과 서양 댄스의 차이점은 어떤 것입니까?

"한국 춤은 땅의 기운을 통해 디딤, 발돋음 등의 발 동작을 기준으로 상체 위주의 동작이 많고 서양 댄스는 늘 하늘을 향하는 기운으로 점프 동작과 발레처럼 하체 동작이 많습니다. 의상과 음악, 동작 등이 각각 자기 문화를 담고 있어 다릅니다."

무용을 배우는 청소년들에게 꼭 해 주고 싶으신 얘기가 있다면.

"'마음이 고우면 춤도 예쁘게 춘다'는 말이 있습니다.
관객들을 앞에 두고 무대에서 직접 춤을 추려고 하면 무용 테크닉뿐만 아니라 정신력이 강해야 합니다. 그리고 그 표현을 위해 담대해야 합니다. 자세도 바르고, 무엇보다 중요한 것은 자신이 추는 춤의 내용을 알아야 합니다. 무슨 내용인지도 모르고 추는 춤이 있다면 그것은 그저 평범한 몸짓과 다를 바 없습니다."

현재 지역 시니어들의 무용 지도에 온 힘을 쏟고 계십니다. 주로 어떤 것을 가르치십니까?

"한국 춤의 가장 기본인 발디딤과 돋음, 호흡 등을 강조해 가르치며 춤을 통해서 건강한 삶의 기쁨과 정서적으로 깊은 내면의 인격을 쌓게 합니다. 무용단 구성원 개개인의 환경과 가치관이 다르기에 단원 간의 화합에도 노력하고 있습니다."

춤에 대한 열정을 존경합니다. 앞으로의 계획을 말씀해 주십시오.

"라스베가스 지역과 미 주류사회에 한국 춤을 좀 더 알리고 싶고요. 제 나이에 욕심이겠지만 저는 아직도 새로운 작품에 대한 욕심이 있어요. 새 작품으로 동포사회에 기쁨도 주고 기회가 되면 중남미와 한국 공연도 하고 싶습니다."

대단하세요. 계획하시는 그 일들이 지난날 이미 성공하셨기에 지금도 건강관리만 잘하시면 언제든 가능하리라 봅니다. 오늘 긴 시간 동안 말씀해 주셔서 감사합니다. (2024. 6. 7.)

김혜숙 CSN 한국어 강사

"한글보다 더 과학적이고 체계적인 글자는 없습니다"

대한민국의 위상이 빠르게 상승하고 있습니다. 우리의 자랑스러운 조국입니다. 우리가 조국을 떠나 살기에 그 감동이 더 크게 느껴집니다. 국력의 신장과 함께 우리의 한글도 K-Pop, K-드라마 등의 영향으로 이를 배우려는 외국인이 늘어나고 있습니다. 오늘은 CSN(College of Southern Nevada)에서 한국어를 가르치는 김혜숙 씨를 모시고 한글과 관련해 말씀을 듣고자 합니다. 안녕하세요? 모시게 되어 영광입니다.

"초대해 주셔서 감사합니다. 제가 기대하신 만큼 대담을 할 수 있을지 걱정됩니다."

별말씀을요. 편하게 말씀해 주시면 감사하겠습니다. 먼저 본인 소개를 부탁드립니다.

"저는 서울에서 태어나 자랐고 서울에서 대학, 대학원(이화여자대학교 불어불문학과/동 대학원)을 마친 후 미국으로 건너왔습니다. 캘리포니아에서 오래 거주하다가 2016년 겨울에 라스베가스로 이주했습니다."

대학에서 불문학을 전공하셨고 현재 CSN에서 한글을 가르치고 계십니다. 책과 문학에 특별한 인연이 있으신 거 같습니다.

"저는 책 읽기를 참 좋아합니다. 어릴 때 삼면이 책장으로 둘러싸인 서재가 제가 제일 좋아하던 곳이었습니다. 거기는 금박이 입힌 문학전집으로부터 어린이를 위한 동화 전집까지 온갖 책이 꽂혀 있었는데 제게는 그것들이 보물상자들과도 같았죠. 세계동화전집을 일단 섭렵했기 때문에 세계 명작 소설들을 뜻도 모르면서 탐독했습니다.

중학교 시절 그러지 않아도 무거운 책가방에 양장본의 명작 소설을 넣고 다니며 쉬는 시간마다 펴놓고 읽곤 했어요. 그 나이에 쉬는 종이 치면 놀기에 일 초가 아까운 것이 정상인데 지금 생각해 봐도 좀 이상했던 것 같습니다.

고등학교 때도 사정은 나아지지 않았습니다. 밤에 하도 잠을 안 자고 책을 읽는 바람에(공부가 아니고요) 어머니께서 제가 자는지 안 자고 책을 읽는지 밤마다 검사 나오시곤 했습니다. 그래서 이불 속에서 책을 읽다가 발자취가 들리면 얼른 전등을 끄고 자는 척하곤 했던 생각이 나네요. 그래서 대학과 대학원에서 불문학을 전공하게 되었고요."

저도 중학교 때 도서부에 들어가 학교 도서관의 책을 정리하면서 한국 단편소설을 찾아서 열심히 읽었던 기억이 납니다. 그것의 영향인지 저는 지금도 글을 쓰며 삽니다. 내용이야 부끄러운 수준이지만 제가 쓴 책이 이십여 권이 됩니다. 아이고! 제 이야기기를 해서 미안합니다. 미국에 오셔서도 책 사랑은 계속되었겠죠?

"저는 미국에 온 후 캘리포니아에서 오래 살았는데, 그곳에서 제 아이들이 다니는 학교에서 volunteer를 하다가 아예 sub teacher(보조 교사)로 나섰습니다. 정규직 교사가 아니라서 제가 원할 때만 가도 되니 좋더군요. 그러다가 내친김에 캘리포니아 한국어 교사 자격증(Credential Specialized in Korean)을 취득하게 되었습니다.

그리고 한 사립 고등학교로부터 교사직을 제안받았습니다. 드디어 일할 수 있겠구나 하는 꿈에 들떠 있었는데 그때 마침 라스베가스로 이사하게 되어서 그 기회를 거절해야 했습니다.

아쉬움이 있었지만 후에 생각해 보니 하나님께서 문을 닫으시면서 다른 문을 열어 주시더군요.

라스베가스로 이사한 후 2017년 1월부터 CSN에서 한국어 강의를 맡게 된 거지요. 저는 가르치는 중에도 공부가 더 하고 싶어 서울대 한국어 교사 양성 프로그램도 이수했습니다."

CSN는 어떤 대학이며 한국어 코스는 어떠한가요?

"CSN은 1971년에 세워졌습니다. 캠퍼스가 여러 군데 있는데 그중 찰스톤, 핸더슨 그리고 노스 라스베가스가 주된 캠퍼스입니다. CSN에서는 180개 이상의 학위와 자격증을 얻을 수 있습니다. 그리고 10개의 외국어 프로그램이 있는데, 그중 한국어는 학생들이 가장 선호하는 인기 언어 중 하나로 각광을 받고 있습니다. 특히 한국어는 UNLV에도 개설되지 않아 CSN의 한국어 클래스가 독보적입니다.

CSN의 한국어 코스는 한국어에 입문하는 초보 학생들을 위한 'K 111'부터 'K 112', 'K 211', 'K 212'까지 단계별로 개설되어 있습니다. 아침반, 저녁반도 있으며, 학생들의 편의를 위하여 대면수업(In-person class), 온라인 강의(Web remote class), 그리고 각자 편한 시간에 log in 하여 학습할 수 있는 asynchronous online class가 있어 그중 선택해 수강할 수 있습니다."

한글을 배우는 학생들은 어떤 학생들인가?

"주로 CSN 학생들, 그리고 UNLV 학생들이 듣습니다. 하지만 간혹 한국과 한국어에 매료되어 오신 일반인들도 꽤 되세요. 가족 중 한국인이 계셔서 한국어를 배우고 싶어 하는 분, 어릴 때 한국에서 사셔서 한국과 인연이 있으신 분들도 계셨어요.

제가 가장 인상 깊었던 분들이 몇 분 계십니다. 한 분은 한국인이지만 영어권에서 자라서 한국말을 거의 못했어요. 그분은 돌아가신 어머님이 그립고 한국이 그리워서 자신의 뿌리를 찾으려고 제 클래스를 듣는 것이었어요. 어릴 적 어머님께 들은 한국말이 기억이 나는지 언어 습득이 빨랐습니다. 어머님께서 "아가, 이거 묵으라" 하시는 소리가 귀에 들린다며 눈물을 짓기도 했어요. 자기가 직접 만들었다며 제게 삼각김밥을 불쑥 내밀기도 했고요. 제 교실에서 배운 한국어로 한국 사람과 대화할 수 있었다며 몹시 기뻐했습니다.

다른 한 분은 미국 여자분이셨는데 돌아가신 양할머니를 잊지 못해 한국어 수업에 등록하신 분이셨어요. 양할머니가 한국분이셨는데 자기를 지극한 사랑으로 양육해 주신 분이라 그분이 돌아가신 후 우울증에 걸려서 고생하셨다고 해요. 보다 못한 남편 되시는 분이 CSN에 한국어 클래스가 있다고 권하여 등록하셨다고 해요.

교실에서 가끔 한국 문화를 소개하는데 volunteer 하시는 분이 한국 전통 다도를 시범해 주시면서 깨강정을 학생들에게 나누어 주신 적이 있었어요. (그분께 감사드립니다) 그런데 그 깨강정이 자기가 어릴 때 할머니가 직접 만들어 주시던 추억의 과자 바로 그것이었다네요. 그 얘기를 하면서 그 미국 여자분이 눈물짓더라고요. 그 후에 그분은 한국에서 석 달 살기를 계획하며 한국으로 떠났습니다. 한국에서 좋은 추억을 쌓으며 할머니의 자취를 찾으셨기를 바랍니다."

아름다운 얘기가 많군요. 한국 문화에 대한 반응은 어떻습니까?

"한국어를 듣는 학생들은 보통 한글이 배우기 쉽기 때문에, 그리고 한국 문화에 끌려서 등록합니다. K-Pop, K-drama 등등 일명 '한류'의 매력은 대단한 듯싶습니다.

저는 학기 말에 한국에 대해 조사해서 발표하게 하는데, 어떤 학생들은 K-Dance를 교실에서 시범하기도 합니다. 대충 추는 게 아니라 아이돌처럼 추는 학생들이 한둘이 아닙니다. 언제 그렇게 연습했을까? 입이 다물어지지 않습니다. 그뿐만이 아닙니다.

단순히 한국 문화 소비에만 그치는 게 아니라 한국에 풍덩 뛰어드는 학생들도 있습니다. 여름 단기 한국어 코스를 들으러 한국에 가는 학생들도 있고, 한국에서 살고 싶어서 한국에 일자리를 구하려는 학생, 한국어를 더 배우고 싶어 한국으로 유학하는 학생들도 꽤 있습니다. 한국에 다녀온 후 제게 배운 한국어로 한국에서 생활하는 데 별 불편함이 없었다고 하며 고마움을 표시합니다. 이럴 때야말로 제가 한국어를 가르치는 보람을 느끼게 되는 것이지요."

한국어에 대해 사랑이 특별하실 것 같습니다.

"한국어를 평소에 사용할 때보다 한국어를 가르칠 때 그 언어의 아름다움을 절감하게 됩니다.

게다가 한글이 얼마나 놀라운 문자 체계인지는 이미 잘 아시리라 생각해요. 저도 가르치면서 세종대왕님의 천재성, 한글에 불어넣은 해박한 지식, 그의 백성에 대한 사랑과 미래에의 혜안에 대해 매번 놀랍니다. 한글보다 더 과학적이고 체계적인 글자 체계를 찾아보기 어렵지 않습니까?. 게다가 세종대왕이 한글을 창제하시게 된 정치적/사회적 배경 또한 학생들을 무한정 감동시킵니다. 세종대왕에 반해서 한국어를 배우기로 결심했다는 학생들도 봅니다."

이제 제게 주어진 지면이 거의 다 채워진 듯합니다. 끝으로 앞으로 계획에 대해 말씀해 주십시오.

"언어에는 그 언어를 사용하는 집단의 고유문화와 혼이 함께 실려 있다고 생각합니다. 학생들이 한국어를 배우러 올 때는 단지 한국어 몇 마디를 배우러 오는 것이 아니라 한국의 문화와 한국인의 생활 방식에 매료되어서 오는 것이지요. 저는 학생들이 아름다운 한국 문화에 접할 수 있는 기회가 더 많았으면 합니다. 하지만 쉽지는 않더군요. 이 점에 있어서는 라스베가스에 이미 훌륭한 프로그램들이 있고 귀한 인적 자원이 많이 계시겠지만 저가 미처 알지 못하고 연이 닿지 못해서 수업 현장과 연결시키지 못하는 바도 많겠고요. 앞으로 라스베가스의 여러분들이 한국어를 배우러 오는 학생들에게 한국어와 한국 문화를 바르게 알려 주는 데 함께 애써 주시면 더 없이 감사하겠습니다. 그리고 CSN에는 저 말고도 다른 훌륭한 교수님들이 두 분 더 계시니 CSN의 한국어 프로그램을 널리 알려 주시고 응원해 주시면 고맙겠습니다. 그리고 틈날 때 CSN에 한번 들려보세요. 아름다운 캠퍼스를 보시게 될 것입니다."

긴 시간 동안 말씀해 주셔서 감사합니다. 한국어 교육 현장의 생생한 소식을 전해 주셔서 다시 한번 감사드립니다. (2024. 7. 5.)

박성민 UNLV 형사정책학과 교수

"인간의 삶을 가장 풍요롭게 하는 것은 감사입니다"

누군가의 밝은 표정과 겸손한 언어는 그 사람이 전하는 말의 내용뿐만 아니라 모임의 분위기를 부드럽게 하고 주변 모든 사람의 기분을 좋게 합니다. 이것은 지난 7월 18일에 있었던 '2024년 미 대통령 청소년 사회봉사상 시상식'에서 제가 느낀 기분이기도 합니다.

오늘은 그 행사의 진행을 맡으셨고 현재 UNLV 형사정책(Criminal Justice)학과 교수이시며 라스베가스 한인회 부회장이신 박성민 교수님을 모시고 말씀을 듣고자 합니다. 바쁘실 텐데 시간 내어 주셔서 감사합니다.

"안녕하세요? 이런 뜻깊은 자리에 불러 주셔서 감사합니다."

앞서 말씀드린 시상식은 어떤 내용으로 진행되었으며 현 대학 교수이시기에 이 행사가 갖는 의미가 남다르실 것 같습니다.

"미국 대통령 봉사상 시상식은 미주 한인지도자협회에서 주최하고 라스베가스 한인회가 주관하는 행사로 라스베가스에 거주하는 우수하고 모범적인 한인 2세들과 평소 한인 사회에 기여를 해 오신 분들께 매년 대통령 봉사상을 수여하는 행사입니다. 특히 가까운 미래에 미국 주류사회에서 한인 사회를 대표하여 활동하게 될 우리 2세들을 격려하고 치하하는 자리이니 여러모로 뜻깊은 자리인 것 같습니다."

이제 박 교수님 본인에 대해 소개 좀 해 주십시오.

"저는 한국에서 경찰대학을 졸업하고 현직 경찰관으로 경찰청과 서울경찰청에서 10년 넘게 근무하다가 미국의 선진 범죄예방 분석 시스템을 배우기 위하여 2003년 미국으로 넘어와 텍사스에 위치한 Sam Houston University에서 석사를 하고 University of Cincinnati에서 형사정책학 박사와 통계학 석사 학위를 마친 후에 형사정책학 분야를 계속 연구하고자 미국에서 교수 생활을 시작하였습니다.

첫 교수 부임지는 University of Tennessee였고 6년 정도 근무한 후 현 직장인 University of Nevada, Las Vegas로 2016년 자리를 옮겼었습니다. 이곳 라스베가스로 온 후에는 이곳 한인 사회에 부족한 힘이라도 보태려고 현재 라스베가스 한인회 부회장 및 라스베가스 한인지도자협회 부회장으로 봉사하고 있고 다른 한편으로는 우리나라의 형사정책 발전에 조금이나마 기여하고자 한국 통계청 및 형사사법정책연구원 연구자문위원, 그리고 대한범죄학회와 한국경찰학회의 해외이사로 활동하고 있습니다."

오! '형사정책학!', 이것이 우리의 생활 가까이 있는 분야임에는 틀림없지만 학문으로 언급되는 것이 매우 낯설게 느껴집니다. 이것을 전공하시게 된 동기는 무엇입니까?

"형사정책학을 연구하게 된 가장 큰 이유는 한국 경찰공무원 출신으로 미국의 범죄예방시스템이나 사법관리 및 운영시스템에 대하여 체계적으로 배우고 또한 연구해 보고 싶어서였습니다. 우리나라가 미국에 비하면 범죄율이 현저하게 낮지만 한국 형사사법체제의 공정성과 효과성에 대한 한국 국민들의 불신은 오히려 미국보다 훨씬 높기 때문에 이러한 불신과 불만에 대한 대책을 강구해 보고 또한 효과적이고 체계적인 형사사법체제를 모색해 보고자 하였습니다."

형사정책학과의 학문 범위와 사회적 기능에 대해 말씀해 주십시오.

"형사정책학은 사회나 국가에서 범죄 및 범죄자를 어떻게 다루고 향후 어떻게 효과적으로 범조를 예방할지에 대하여 연구하는 학문입니다. 우리나라 대학에서는 경찰행정학과, 교정학과, 범죄학과 등으로 세분되어 있어 미래 우수한 사법공무원의 양성에 주요 관심을 두고 있는데 미국의 경우 이러한 부분을 통합하고 대학의 교유 기능인 연구 및 정책 제안에 중점을 두어 학생들을 교육시키고 있습니다.

사실 1980년대까지만 해도 미국에서는 형사정책학이 그리 인기 있거나 중요한 학과가 아니었는데 1990년대 초반 치솟는 범죄율에 대응하고자 Clinton 대통령이 형사정책 개혁과 혁신에 많은 자원과 예산을 지원하였고 이러한 형사정책의 변화가 미국의 범죄율을 낮추는 데 상당히 기여하다 보니 지금은 많은 학생들과 정책결정자들의 관심을 받는 학과가 되었습니다. 예를 들어 1990년대 뉴욕시의 할렘가라고 하면 대낮에도 들어가기 힘든 범죄위험 지역이었으나 요즘은 오히려 관광지로 사람들이 찾는 장소가 된 배경에는 뉴욕 경찰의 새로운 범죄예방 정책이 있었고 이제는 전 세계에서 이 정책을 배우려고 방문하고 있습니다."

UNLV가 최근 매년 성장하고 있는 것은 라스베가스 도시의 성장과도 무관하지 않겠습니다만 무엇보다 교육의 질이 높아지고 있기 때문으로 보입니다. 현재 UNLV 내 한국인 교수는 몇 분이나 계시며 한국 유학생의 수는 얼마나 됩니까?

"최근 네바다주 정부에서는 네바다 교육의 질을 높이고자 대학 교육에 많은 투자를 하고 있습니다. 예를 들어 UNLV에 의대 및 다양한 첨단 과학 관련 학과를 설치하고 기존의 전통적인 학과인 법대, 호텔경영대, 자연과학대 등에도 우수한 교수님들을 초빙하고 많은 지원을 하고 있습니다. 우리 형사정책학과의 경우에도 대부분의 대학원 학생들에게 전액 장학금을 지원하여 연구와 학업에만 전념할 수 있도록 하고 있습니다. 그렇다 보니 우수한 한국 교수님들이나 한국 학생들이 많이 이곳으로 오셨는데 제가 정확한 숫자는 잘 모르겠네요. 죄송합니다."

한국 유학생과 지역 한인 동포사회가 서로 잘 융합하면 서로 간에 많은 유익한 결과를 얻을 수 있을 것으로 생각됩니다. 현재 상황에 대해 교수님께서는 어떻게 생각하십니까?

"저도 여러 가지 면에서 참 중요하고 좋은 제안이라고 생각하고 한인 유학생과 지역 한인분 들과의 교류 및 협조에 대하여 여러 방안을 생각해 봤는데 실제적으로 적용하기에는 여러 가지 문제점이 있는 것 같습니다. 아무래도 한인 유학생들의 주요 목적은 학업에 있다 보니 시간을 내서 지역사회와 교류를 한다는 것이 부담스럽고 또한 학생들 사이에도 장래 목표나 계획이 각기 달라 추구하는 방향이 일정치 않으므로 학생들이 공식적으로 지역 사회와 단체 교류를 한다는 것이 어려워 보입니다. 특히 새로운 세대들로 이루어진 한인 유학생들은 과거 한인분들과 가치관에도 차이를 보여 이를 극복하는 것도 쉽지 않고요. 아마도 개인적인 관계나 업무를 통하여 지역 한인 사회와 개별적으로 상호 교류나 협조를 하는 것부터 시작하는 것이 맞을 것 같습니다."

박 교수님께서는 라스베가스 한인회에도 부회장으로 일하고 계십니다. 이번 2024년 8.15 광복절 행사는 어떻게 준비하고 있는지요?

"현재 한인회에서는 2024년 제79주년 광복절 행사와 관련하여 당일 오전 11시에 5115 Spring Mountain Rd.에 위치한 한인회관에서 기념 행사를 준비하고 있습니다. 이 뜻깊은 행사에 관심 있는 한인분들께서는 참석하시어 행사를 빛내 주시면 정말 감사하겠습니다."

앞으로의 계획과 가족을 좀 소개해 주십시오.

"앞으로 특별한 계획은 없고 제게 주어진 이 자리에서 제 직업인 교수직에 충실하고 부족하나마 열심히 사회에 봉사하며 사는 것이 제 신념이라면 신념일 것 같습니다. 저희 가족은 아내와 딸, 아들 자식 둘이 있습니다."

인간이 어떻게 사는 게 가장 잘 사는 것으로 생각하십니까?

"저같이 부족한 사람이 대답드리기에는 너무 어렵고 깊은 질문이라

선뜻 말씀드리기 조심스럽습니다. 개인적인 소견으로는 인간의 삶을 가장 풍요롭게 하는 것은 감사라고 생각합니다. 종교에서 말씀하시는 사랑하는 삶은 저 같은 소인배에게는 너무 어렵고 그나마 제가 할 수 있는 일이라면 주어진 모든 것에 감사하고 그 감사함으로 주어진 것을 나누고 상호 감사함으로 서로 이해하며 산다면 누가 봐도 행복하고 잘 사는 삶이 아닐까 생각이 드네요."

긴 시간 동안 귀한 말씀 감사합니다. 앞으로도 한인 사회 곳곳에서 교수님의 밝은 표정과 겸손하고 절제된 언어를 듣게 되길 기대합니다. 인터뷰가 사람을 이렇게 기쁘게 합니다. (2024. 8. 9.)

이지혜 시니어 아파트 보드 디렉터

"노인들을 도울 수 있다는 것은
엄청난 행운이요 축복입니다"

도저히 식을 것 같지 않던 더위가 9월의 시작과 함께 그 기세가 꺾여 벌써 아침저녁으론 제법 시원한 바람이 붑니다. 자연의 순리는 신비롭다 못해 위대하다는 생각마저 듭니다.

오늘은 현재 라스베가스 내 시니어 아파트에서 12년째 보드 디렉터로 일하고 있는 이지혜 씨를 모시고 말씀을 듣고자 합니다. 안녕하세요? 바쁘실 텐데 시간 내어 주셔서 감사합니다.

"초대해 주셔서 감사합니다."

먼저 본인 소개를 좀 해 주십시오.

"저는 서울 동부이촌동에서 두 딸 중 장녀로 태어났으며 서울에서 쭉 성장했고 대학에서는 영문학을 전공했습니다. 대학 4학년 때 호텔경영, 특히 컨벤션 분야에 큰 관심이 생겨, 유학을 결정하게 되었습니다.

2000년 가을 UNLV(University of Nevada, Las Vegas)에서 유학을 시작했고 2년 후 호텔경영 전공과 컨벤션 부전공으로 졸업했습니다.

사업을 하시던 저희 아버지께서는 딸자식 혼자 미국으로 유학을 보내는 것이 불안하셨던지 베가스에 사는 한 가족을 소개받아 만나게 해 주셨는데 바로 그 가족이 현재 저의 시부모님과 남편 크리스 리였습니다. 저의 시아버님은 지금은 은퇴하셨지만 오랫동안 라스베가스에서 이세은 한의원을 경영하셨습니다."

말씀 중에 죄송합니다만, 기제 생각해 보니 제가 2009년 가을 당시 라스베가스에서 발간되던 격주간 잡지 〈리빙 엔 코리아〉에 한인 사회 내 숨은 봉사자들을 찾아 소개하는 4페이지 분량의 인터뷰를 게재하고 있었는데 그때 남편 되시는 크리스 리 판사님을 인터뷰했던 기억이 납니다. 그것이 15년 전의 이야깁니다. 제가 지금까지 여러 신문 잡지에 많은 인터뷰를 진행했지만 부부를 각각 인터뷰하는 것은 처음입니다. 이것은 그만큼 두 분이 열심히 살고 있다는 증거가 되는 것이기도 합니다. 크리스 판사님의 근황의 대해 말씀 좀 해 주십시오.

"제가 대학 졸업 이듬해인 2003년 크리스 리와 결혼했는데 당시 남편은 검찰청 특수부 검사로 일하고 있었습니다. 제가 2006년 첫아들을 출산할 무렵 남편은 네바다주 부국무장관으로 임명되었고 2008년 11월 미국 내 최연소 한인 판사로 선출되어 지금까지 계속 판사로 재직 중입니다. 2008년부터 2020년까지는 노스 라스베가스 Justice 법원에서 판사로 일했으며, 2021년부터는 현재 노스 라스베가스 Municipal 법원 주임 판사로 있습니다. 공군 소령으로 법무관 일도 하며 College of Southern Nevada에서 criminal justice를 가르치는 등 다양한 사회 활동과 봉사도 함께하고 있습니다. 은퇴하면 본인의 이름으로 Chris Lee 변호사 사무실을 오픈할 계획입니다."

이제 시니어 아파트에 관해 말씀해 주십시오.

"저는 2010년 둘째 딸 출산 후 평소 관심을 가졌던 노인 복지 분야에서의 일을 찾던 중 2012년부터 저임금 시니어 아파트인 'Gray Plunkett Jydstrup Senior Living'(당시 이름은 'Clark Tower')의 Board Director 중 한 명으로 임명되었습니다.

웨스트 사하라와 발레 뷰 네거리 근처(주소: 2701 Clark Towers Ct, Las Vegas, NV 89102)에 있는 이 아파트는 현재 전체 135가구 중 65가구 이상이 한국 노인입니다. 외국에서 살면서 우리 한인 어른들의 생활을 가까이에서 도우면서 살 수 있다는 것이 저에게는 큰 행운이고 매우 즐거운 일입니다.

저는 Board Director로 일하면서 특별히 노인들의 즐거움과 기쁨에 많은 관심을 갖고 그것을 위해 노력하고 있습니다. 그 한 예로 오늘 인터뷰를 진행하시는 배 선생님께서 지휘하시는 라스베가스 힐링콰이어를 초청해 2013년 크리스마스 콘서트를 연 것은 아파트에 거주하시는 노인들에게 너무나도 좋은 행사가 되었고 10년이 지난 지금까지도 계속되고 있습니다.

첫 공연 후 감동의 눈물을 흘리시던 노인들과 정겨운 마음으로 비디오를 찍던 노인들을 보면서 얼마나 보람되고 감사했는지 모릅니다."

저도 첫 공연의 분위기를 기억합니다. 많은 백인 노인이 힐링콰이어가 부르는 'Can't help fallling in love'를 함께 부르며 눈물을 글썽이던 모습은 제게도 잊지 못할 감동의 순간이었습니다. 시니어 아파트에 관해 좀 더 소개해 주십시오.

"라스베가스에는 다양한 레벨의 시니어 아파트들이 있습니다. 특히 55세 이상이 들어가실 수 있는 아파트들이 많습니다. 저희 Gray Plunkett Jydstrup Senior Living은 특히 62세 이상 시니어분들을 위한 주거 옵션을 제공하고 있습니다. 저희는 저임금 시니어 아파트이지만 보조금 지원 유닛과 시장 임대 유닛을 모두 보유하고 있습니다. 시장 임대 유닛의 경우 소득 제한이 없지만, 보조금 지원 유닛의 경우 특정 소득 기준을 충족해야 합니다.

좀 더 구체적으로 말씀드리면, 보조금 지원 유닛에 입주하시려면 1인 가구의 연 소득이 $33,350을, 2인 가구의 경우 $38,100 미만이어야 합니다. 저희 아파트는 보통 1 베드룸 유닛(582 평방피트)의 월 임대료가 $944이며, 스튜디오 유닛(443 평방피트)은 월 $836입니다. 보조금 지원 유닛을 임대하실 경우, 조정된 연간 총소득의 30%를 임대료로 지불하게 됩니다. 다만, 현재 보조금 지원 유닛의 대기자 명단은 마감된 상태입니다. 대기자 명단이 언제 다시 열릴지는 확정되지 않았으므로 관심이 있으신 분들께서는 먼저 저희 사무실로 확인하시길 바랍니다.

저희 아파트의 시니어분들은 다양한 문화 활동을 즐기고 계십니다. 일주일에 두 번 있는 운동의 날, 한 달에 두 번 식물의 날, 한 달에 한 번 빙고와 아이스크림과 학생들 콘서트, 팝콘과 영화의 날, 그리고 이달의 생일 축하의 날 등 다양한 프로그램을 통해 시니어분들이 서로 교류하며 지내실 수 있도록 노력하고 있습니다. 이 외에도 시니어 영양과 웰빙에 관한 클래스도 정기적으로 제공하고 있습니다. 또한, 매달 한 번씩 USDA에서 치즈나 고기와 같은 식료품을 도네이션 받아 나눠 드리고 있으며, Three Square에서는 팬트리의 날을 운영하여 야채, 빵, 식료품 등을 제공해 드리고 있습니다. 이러한 프로그램들은 시니어분들의 삶의 질을 높이는 데 중요한 역할을 하고 있습니다."

노인들의 생활을 가까이에서 지켜보시면서 가장 마음 아팠던 기억 하나만 소개해 주십시오.

"아무래도 시니어분들이 사시는 곳이라 가슴 아픈 기억들도 많습니다. 몇 년 전 저희 아파트에 거주하시는 시니어 한 분이 살날이 얼마 남지 않았다는 소식을 들었습니다. 그분은 호스피스 치료를 받고 있었으며, 호스피스는 그분을 위한 시설을 찾으려고 노력 중인 상황이었는데 건강 상태가 너무 급격히 악화되었습니다. 안타깝게도 그분에게는 가족이 없었고 혼자서 이 상황을 감당해야 했습니다. 가장 슬펐던 것은 그분이 마지막 숨을 내쉬는 순간을 저희 매니저와 함께했다는 것이었습니다. 죽음 앞에서 너무나 고통스럽고 두렵고 무서웠을 텐데 사랑하는 가족과 함께하지 못하고 너무나도 외롭게 혼자서 쓸쓸히 돌아가시는 것을 보고 며칠 동안 그븐 기억에 마음이 먹먹했습니다."

이번엔 시니어 아파트 보드 디렉터로 계시면서 가장 보람되고 행복했던 기억이 있다면 소개해 주십시오.

"앞서도 말씀드렸지만 저는 시니어분들의 즐거움을 위해 매달 행사 준비에 힘씁니다. 그 가운데는 학생 10여 명 정도가 참여해 시니어분들을 위한 콘서트를 열고 있습니다. 저는 음악이 힐링에 큰 힘을 준다고 믿습니다. 특히 크리스마스나 추수감사절 같은 큰 명절에는 시니어분들을 위한 점심 뷔페를 준비하여, 모두가 함께 음악을 즐기며 음식을 나누고 행복하게 웃으시는 모습을 볼 때 큰 기쁨을 느낍니다.
저의 아들과 딸도 벌써 10년째 음악 콘서트 봉사활동에 참여하고 있는데, 어느 순간부터는 그들 스스로 프로그램을 짜고, 콘서트 외에도 친구들과 함께 시니어분들을 위한 IT 헬프데스크 운영이나 정신과 신체 건강에 도움이 되는 건강 브로셔를 만들어 행사 때 나눠 드리고 있습니다. 아이들이 자발적으로 나눔을 실천하고, 이를 통해 보람을 느끼는 모습을 보면 참으로 자랑스럽고 기쁩니다."

참 귀한 일을 하고 계신다는 생각이 듭니다. 이제 제게 주어진 지면이 거의 다 채워진 것 같습니다. 마지막 질문입니다. 인간이 어떻게 사는 것이 가장 잘 사는 것이라고 생각하십니까?

"인생을 의미 있게, 뜻 있게 사는 것이 중요하다고 생각합니다. 자칫 바쁘게 살면서도 자신의 일에 의미와 뜻을 찾지 못한다면 그 삶은 아쉽고 공허하게 될 것이기 때문입니다."

오늘 긴 시간 동안 마음이 따뜻해지는 말씀을 해 주셔서 감사합니다. 늘 건강하시고 하시는 모든 일에 좋은 결과 있으시길 바랍니다. (2024. 9. 6.)

정상진 여행 칼럼니스트

"여행은 관광명소를 찾는 것이 아니라
가슴 따뜻한 인간을 만나는 것입니다"

시월입니다. 오늘은 여행 칼럼니스트 정상진(Samuel Chung) 선생님을 모시고 여행에 관해 말씀을 듣고자 합니다. 건강이 좋지 않으신 가운데도 인터뷰를 승낙해 주셔서 감사합니다.

"귀한 지면에 초대해 주셔서 감사합니다."

먼저 본인 소개를 좀 해 주십시오.

"저는 1939년 경북 대구에서 출생하여 1963년 서울대학교 상과대학 졸업 후 무역상사에서 주로 해외 업무를 담당하며 빈번한 해외 출장을 하면서 직장 생활을 했습니다.

1980년 미국에 이민하여 현재 라스베가스에서 살고 있으며 2000년 은퇴 후에는 주로 여행으로 시간을 보냈습니다. 그러나 최근엔 건강상의 이유로 여행을 못하고 있습니다."

당시에는 해외 출장이나 외국 여행이 자유롭지 못했을 것으로 생각됩니다.

"그렇죠. 저는 1968년 제1회 무역사 자격시험에 합격하였는데 이 자격증이 있어야 정식 무역을 할 수 있었습니다. 당시 300명을 뽑는 시험에 3,000여 명이 응시했고 뽑힌 사람은 60명뿐이었습니다.

1970년 9월 4일 대한민국 역사상 처음으로 무역사절단이 결성되어 유럽 여러 나라와 동남아 몇 나라를 방문한 일이 있었는데 영광스럽게도 제가 젊은 나이에 일원으로 참가할 수 있었습니다. 저에게는 세계와 여행에 대해 관심을 갖게 되는 계기가 되었습니다."

말씀을 듣고 보니 정 선생님의 여행에 대한 역사가 아주 오래되었군요. 2000년 은퇴 후 여행을 본격적으로 하셨는데 지금까지 하셨던 해외여행은 대략 몇 회나 되십니까?

"건강이 허락하는 한 일 년에 두세 번씩은 꼭 했으니 아마 육십 번 가까이 될 것입니다."

1회 여행 기간은 보통 얼마나 됩니까?

"보통 20일, 3주 정도입니다."

지금까지 여행하셨던 곳들을 좀 소개해 주십시오.

"모두 말씀드리는 것은 복잡할 것 같고 다녀온 순서대로 대략 열 개쯤 얘기하면 다음과 같습니다.

중국의 주요 도시와 양자강 유람선(2002년), 이집트의 아브 심벨 신전과 아스완 댐을 포함한 나일강 유람선(2006년), 페루의 마추픽추와 브라질의 이과수폭포(2007년), 소련의 볼가강 유람선과 상트페테르부르크-모스크바(2008년), 남아프리카공화국의 희망봉, 짐바브웨의 빅토리아폭포와 아프리카 동물 사파리(2009년), 호주, 뉴질랜드, 남태평양 피지섬(2013년), 유럽 북극권과 노르웨이의 피요드(2014년), 남미 끝 케이프 혼과 우수아이아/인도, 네팔, 티벳과 4차 중국여행(2015년), 중국 실크로드와 돈황 막고굴, 독일의 비텐베르그(2016년), 아마존 열대우림과 갈라파고스 열도, 프랑스 지베르니 마을(2017년), 그 외에 미국, 캐나다, 동남아시아, 중남미, 동서 유럽 등을 수차례 여행했습니다."

우와! 정말 엄청나게 많은 여행을 하셨군요. 부끄럽게도 저는 그 가운데 어느 한 곳도 가 본 적이 없는 듯합니다. 여행하신 세계의 여행지 가운데 최고의 여행지로 생각하시는 곳은 어디입니까?

"갈라파고스(Galapagos)입니다. 저는 이곳을 2017년 여름에 여행했습니다. 갈라파고스는 많은 섬으로 이루어진 열도(군도)입니다. 이름이 있는 13개의 큰 섬과 42개의 작은 섬, 그리고 섬 외에 지도에도 표기되지 않은 무수히 많은 화산석(Lava)으로 된 산이 동식물들의 보금자리를 마련해 주며 흩어져 있습니다. 문명이 발달된 서구 사회에서는 절대로 볼 수 없는 자연의 신비로움과 경이로움을 느낄 수 있습니다. 찰스 다윈(Charles Darwin)은 이곳에 오래 머물며 생태계와 진화에 대해 관찰하고 연구했습니다. 이곳에서는 푸른색 다리의 부비새와 대형 거북이(Tortoise), 바다사자, 바다이구아나를 볼 수 있으며 갈라파고스 관광선을 이용해 주변을 둘러볼 수 있고 카약(Kayake)도 한 번쯤 도전해 볼 만합니다."

말씀만 들어도 신비로운 자연 속으로 빠져드는 느낌을 받습니다. 아름답고 즐거운 일도 많으셨지만 또 힘들고 어려운 일도 있으셨으리라 생각됩니다. 가장 힘들었던 여행 하나를 소개해 주십시오.

"2015년 4월 25일은 네팔 국민뿐만 아니라 저희 부부에게는 결코 잊을 수 없는 날입니다. 이날 이 나라에 7.8의 강진이 발생해 수많은 재산과 인명 피해를 입혔는데 그 현장에 저희가 있었습니다. 시 전체가 우왕좌왕하는 무질서 속에서 땅은 수시로 흔들리고 전기, 전화, 수돗물은 끊겼고 때마다 끼니를 걱정해야 했습니다. 이런 모든 상황보다 우리를 더욱 불안하게 한 것은 이 지역을 빠져나갈 확실한 일정을 잡을 수 없는 것이었습니다. 그러나 다행히 지진 이틀 후, 우리는 인도 델리를 경유해 귀국할 수 있었습니다. 당시 그 지진으로 사망자가 8,964명, 부상자 21,952명, 이재민 350~660만 명이 발생했습니다."

간략히 말씀하셨지만 말씀하시는 선생님의 표정에서 당시의 불안과 처참한 상황을 어렴풋이 짐작해 볼 수 있습니다.
선생님께서는 2018년 10월 이러한 여행의 체험들을 기록한 『사무엘 정 '투어 에피소드'』를 출간하였습니다. 이 책에 대해 소개 좀 해 주십시오.

"여행 칼럼집 『사무엘 정 '투어 에피소드'』는 당시 라스베가스에서 발행되던 지역 신문〈한미일요뉴스〉에 2016년 2월부터 2018년 4월까지 연재했던 여행 칼럼을 묶은 책입니다. 제 생애 처음이자 마지막으로 출간한 책입니다."

『사무엘 정 '투어 에피소드'』는 출간 당시 한국에서도 꽤 반응이 좋았던 것으로 기억합니다. 무엇보다 그 칼럼이 지역 신문에 연재될 당시 많은 라스베가스 독자가 그 글을 애독했습니다. 여행 칼럼은 주로 어디에 초점을 맞춰 글을 쓰셨나요?

"있는 모습 그대로를 전달하는 데 노력했습니다. 많은 여행 글에는 필자의 자기만족, 자기주장 내지는 자기 자랑이 지나치게 강조되어 독자들에게 꼭 전달해야 할 소중한 여행의 내용이 제대로 전달되지 못하는 것을 보았기에 가능한 소박하고 담백하게 쓰려고 노력했습니다. 그래서 제 책에는 우와! 엄청나다, 대단하다 등의 감탄사가 별로 없습니다. 여행지의 화려한 외관보다도 현지 사람들의 생활에 더 많은 관심을 갖고 썼습니다."

사실 저도 그런 점에서 그 책에 더 매력을 느꼈습니다. 제가 정 선생님의 책 출판에 참여하며 제가 쓴 발문 글 중에는 이런 부분도 있습니다.

'정상진 선생의 글은 그의 외모만큼이나 소탈하고 꾸밈이 없다. 중국의 집 밖 공동화장실에서 엉덩이만 살짝 가린 채 용변을 보며 옆 사람과 담배를 나눠 피우고, 휴지 대신 신문지를 나눠 쓰면서 깔깔거리는 순박한 동네 사람들의 모습을 매우 따뜻하게 인간적으로 소개하고 있다. 어쩌면 우스워질 수도 있는 장면이지만 필자는 매우 진지하다. 그의 여행은 관광명소를 찾아가는 것이 아니라 가슴 따뜻한 인간을 만나러 간다.'

지금도 많은 사람이 여행을 계획하고 있을 것입니다. 여행자들에게 들려주고 싶은 말씀이 있다면 한말씀해 주십시오.

"첫째, 기회 될 때 떠나십시오. 둘째, 분위기에 휩쓸리지 마십시오. 셋째, 자연 앞에서 겸손하십시오. 넷째, 여행 중에 자신을 찾으세요. 다섯째, 돌아와 아름다웠다고 말하세요."

여행자뿐만 아니라 현재를 사는 우리 모두에게 꼭 필요한 말씀인 것 같습니다. 특히 다섯째, '돌아와 아름다웠다고 말하라'는 말씀은 천상병 시인의 시「귀천」의 마지막 부분이 생각납니다.

'나 하늘로 돌아가리라
이 세상 소풍 끝나는 날
가서, 아름다웠더라고 말하리라'

이제 마지막 질문입니다. 다음 여행 계획은 무엇입니까?

"글쎄요? 이제 곧 인생의 마지막 여행을 떠나야겠지요."

선생님께서는 진짜 여행가이십니다. 감사합니다. (2024. 10. 11.)

> * 이 인터뷰는 2024년 9월 10일 오후 정상진 씨 자택에서 진행되었으며 정상진 씨는 인터뷰 후 12일이 지난 9월 22일 숙환으로 별세했다.
> -편집부-

제3부

박정인 호텔리어

"호텔리어는 손님에게
좋은 추억을 갖게 해야 합니다"

연말을 맞아 라스베가스가 좀 더 바쁘게 돌아가는 것 같습니다. 호텔마다 고객 유치에 힘을 쏟고 있습니다. 오늘은 호텔리어로 25년째 근무하고 있으며 현재 골든 너겟(Golden Nugget) 호텔 & 카지노 박정인(Jungin Silvey) 디렉터를 모시고 호텔과 관련된 얘기를 듣고자 합니다. 안녕하세요? 바쁘실 텐데 자리해 주셔서 감사합니다.

"안녕하세요. 귀한 신문에 초대해 주셔서 감사합니다."

먼저 본인 소개를 부탁드립니다.

"저는 한국 인천에서 세 자매의 맏딸로 태어났으며 제 나이 14살 때

부모님을 따라 미국에 이민했습니다.

거의 모든 부모님이 그러하시듯 저희 부모님께서도 저희 세 자매의 교육과 장래를 위해 미국 이민을 결정하셨는데 이제 저도 성인이 되어 보니 그러한 부모님의 결정이 얼마나 본인들의 삶을 포기하고 희생하는 엄청난 일임을 느낄 수가 있었습니다.

저희 가족은 1991년 3월 한국에서 라스베가스로 직접 이민을 왔습니다. 제가 한국에서 중학교 재학 중에 왔기에 처음엔 영어 때문에 고생을 좀 했습니다. 영어를 완전히 이해하고 말하는 데는 약 2년 반이 걸렸습니다. 처음 2년 동안 7학년에 배치되었고, 중학교까지 마쳤습니다. 저는 Eldorado High School을 졸업했고 UNLV에 다녔으며 호텔 경영학과를 졸업했습니다.

저는 대학 3학년 때부터 호텔에서 일했습니다. 처음엔 지금은 없어졌지만 World Trade Center 호텔이라는 작은 호텔에서 시작하여 1999년 5월 Caesars Palace로 옮겼습니다. Caesars Palace에서 시작한 이후로 저는 호텔에서 일한 경험을 포함하여 다양한 호텔에서 다양한 역할을 맡게 되었습니다. 올해는 제가 호텔 업계에 종사한 지 25주년이 되는 해입니다."

박 디렉터께서는 한국 유학생으로 졸업 후 현지 취업이 아니고 어릴 때 부모님을 따라 이민 와 이곳에서 성장하고 대학을 다니신 거군요. 라스베가스에서 고등학교를 졸업하고 부모님을 떠나 타주에서 공부할 계획은 없었습니까? UNLV에서 호텔 경영학을 전공하시게 된 동기는 무엇입니까?

"대학에 대한 저의 원래 계획은 강력한 건축 프로그램이 있는 대학에 다니는 것이었습니다. 저는 어렸을 때부터 그림 그리는 것을 좋아했습니다. 저는 애리조나 주립대를 포함한 여러 대학에 지원하여 대학에 입학할 수 있었습니다. 이 과정에서 저는 고등학교 진로 상담 교사를 만날 기회가 있었는데, 그는 저에게 라스베가스의 호스피탈리티(Hospitality, 접객업) 산업에 대한 관심과 발전에 대해 이야기했습니다. 1994~1995년 당시 라스베가스는 오늘날의 라스베가스로 이어진 훌륭한 아이디어와 엄청난 성장과 발전을 거듭하는 번성기였습니다. 대화가 끝난 후 저는 UNLV의 호텔 관리 프로그램에 대해 더 자세히 살펴보았습니다. 흥미로웠고 라스베가스 호텔 사업에 더 강력한 성장이 있을 것을 느낄 수 있었기에 UNLV에서 호텔 경영 공부를 하기로 결정했습니다.

저는 어느 누구보다도 UNLV에 대해 잘 알고 있었습니다. 왜냐하면 저희 부모님의 사업장이 UNLV와 근접한 트로피카나에 있는 University Plaza 몰 내에 있었기 때문입니다. 부모님의 일을 도우러 가게에 나가 있으면서 UNLV 학생들의 생활하는 모습을 많이 볼 수 있었습니다. 간혹 대학생들의 생활을 염려하시는 어른들도 계시지만 제가 보기엔 대부분 건전하고 열심히 살아가는 모습으로 보였습니다. 그래서 망설임 없이 UNLV를 선택할 수 있었습니다."

호텔에서 일하는 사람을 일컫는 '호텔리어(Hotelier)'라는 단어가 한때 한국 사회에서 크게 유행된 적이 있습니다. 지금도 많은 젊은이가 호텔리어를 꿈꾸고 있습니다. 이들에게 해 주고 싶으신 말씀이 있다면 해 주십시오.

"호스피탈리티 업계에서 일하는 것은 매력적이면서도 동시에 도전적일 수 있습니다.

호텔리어가 된다는 것은 직원, 동료, 고위 경영진 및 공급업체와 같이 호텔을 지원하는 사람들과 업무 관계를 구축하는 것도 포함합니다.

호텔리어를 계속 꿈꾸는 사람들에게는, 존중과 예의를 갖춘 사람이 되는 것을 진심으로 배우고 연습하는 것을 추천하고 싶습니다. 또한 분석, 데이터, 재무 및 마케팅 영역에서 기술과 이해를 개발하는 것도 중요합니다.

그리고 남을 배려하는 마음과 함께 강력한 대인 관계 기술을 개발하는 것이 매우 중요합니다. 하루가 끝나면 호스피탈리티는 건물과 장소에 관한 것이 아니라 이 직업은 업계의 모든 사람에게 기억에 남는 경험으로 이어질 수 있는 연결을 만들 수 있는 능력에 관한 것입니다."

현재 라스베가스 내 호텔고·모텔의 수는 얼마나 됩니까?

"최근 집계에 의하면 라스베가스 지역의 호텔과 모텔의 수는 전체 322개이고 보유한 총 객실의 수는 154,622개입니다.

지역별로 보면 스트립이 46개, 다운타운이 34개, 기타 지역(헨더슨과 노스라스베가스 포함)이 242개입니다."

정말 어마어마한 숫자군요.
일반적으로 호텔의 조직은 어떻게 이루어집니까?

"호텔의 기본적인 조직 구조는 다음과 같습니다.
General Manager(총괄 관리자) - Assistant General Manager(각 부서의 부총괄 관리자)/Senior Vice President of each division(상무) - Vice President of each division(각 부서의 부사장) - Directors for each department(각 부서의 이사) - Managers(관리자) - Supervisors(감독자) - Hourly Employees(시간제 직원)
각 호텔은 운영 목표와 설정에 따라 자체적으로 개발한 조직을 운영하기도 합니다."

최근 한국 신문을 보면 미국 유학 한국 학생들이 공부를 마친 후 미국에서 직장을 갖지 못하고 90% 이상이 귀국한다고 합니다. 그런 점에 대해 어떻게 생각하시며, UNLV를 졸업하고 라스베가스 호텔에서 일하길 원하는 한국 학생들에게 해 주실 조언의 말씀이 있다면 한말씀 부탁드립니다.

"국제 학생, 특히 UNLV에서 학업을 마치는 학생들에게 이 말을 해 주고 싶습니다.

여러분과 비슷한 배경을 가진 학생들 사이에 네트워크를 만드는 것도 중요하지만, 여기에서 여러분의 경력을 쌓는 데 도움이 될 네트워크를 만나고 만드는 것도 매우 중요합니다. 네트워킹은 호텔업에서 중요한 프로세스이자 기술입니다.

회사가 영주권을 후원해 줄 것이라는 보장은 없지만, 미래의 호텔업 전문가로서 업계에 대한 헌신과 장기적인 경력을 보여 줄 수 있는 것이 중요합니다."

현재 근무하시는 골든 너겟 호텔 앤 카지노에 관해 간단히 소개 좀 해 주십시오.

"다운타운에 위치한 골든 너겟 호텔 앤 카지노는 1946년 8월부터 오픈하여 투숙객에게 서비스를 제공하고 있습니다. 골든 너겟은 컨벤션 센터, 카지노, 다양한 레스토랑 및 야간 오락거리를 갖춘 2,419개의 객실을 보유하고 있습니다. 한마디로 라스베가스의 역사와 전통을 갖고 있는 호텔이라 말씀드릴 수 있습니다."

인터뷰 서두에 박 디렉터의 부모님께서 자신들의 희생을 감수하면서까지 세 딸의 장래를 위해 이민을 결행하셨다고 했는데 이제 가족을 좀 소개해 주십시오.

"저는 라스베가스에서 남편과 함께 부모님(아버지 박문옥, 어머니 박진선)을 모시고 있고 두 아들을 둔 동생 상인이는 변호사가 되어 샌디에이고에서 일하고 막내 영인이는 의사가 되어 작은언니 가까이에서 살고 있습니다."

부모님의 희생이 좋은 결과를 얻으신 것 같습니다. 이제 끝으로 한 가지 질문만 더 드리겠습니다. 사람이 살아가는 데 가장 중요한 것은 무엇이라고 생각하십니까?

"인생에서 가장 중요한 것은 서로에 대한 믿음, 존중, 배려, 이해라고 생각합니다. 결론을 내리기보다는 서로에게 소통할 수 있는 기회를 주는 것도 중요합니다."

연말에 여러 가지 일로 바쁘실 텐데 긴 시간 동안 말씀해 주셔서 감사합니다. (2024. 12. 6.)

캐빈 김 라스베가스 한인회 운영위원장

"행복은 준비된 사람만이 누릴 수 있는 특권입니다"

새해가 좋은 이유 중의 하나는 자기 자신을 돌아볼 기회를 가지는 것으로 생각합니다.

오늘 초대석에는 라스베가스 내 거의 모든 한인 행사장에서 만날 수 있을 만큼 바쁘게 사시는 캐빈 김 씨를 모시고 얘기를 나누고자 합니다. 안녕하세요? 바쁘실 텐데 초대석에 나와 주셔서 감사합니다.

"안녕하세요. 새해 복 많이 받으세요. 〈라스베가스 타임즈〉는 제가 애독하는 신문이기에 인터뷰를 요청받고 매우 흥분되었습니다. 귀한 지면에 초대해 주셔서 감사합니다."

먼저 본인을 간단히 소개해 주십시오.

"저는 경기도 오산에서 태어나 서울 청파동과 흑석동에서 유년기를 보내고 초등학교를 다녔고 동부이촌동, 반포동에서 중, 고등학교와 대학을 다니고, 방위병 근무를 했습니다. 그리고 한국 페스트푸드 회사와 미국계 보안회사에 근무하다가 2001년 도미하여 지인의 소개로 2002년 11월부터 라스베가스에 거주하며 'Bankcard Services'라는 Credit card Processing 전문 회사에서 현재 23년째 근무하고 있습니다."

한인 사회 봉사도 많이 하고 계신 것으로 압니다. 어떤 단체에서 활동하고 계신지요?

"저는 26대 라스베가스 한인회(2023~2024년)의 운영위원장직을 맡아 알렉스 김 한인회장님과 함께 한인회 운영에 관한 일을 했고, 27대 한인회(2025~2026년)에서도 이 일을 계속 맡게 되어 매우 감사하게 생각하고 있습니다. 그리고 대한민국 재향군인회 라스베가스 지회 부회장, 라스베가스 아시안 상공회의소 홍보 영사 등도 맡아 봉사하고 있으며 안디옥교회 서리 집사로 신앙생활을 하고 있습니다."

저의 이런 표현이 결례이겠습니다만, 저는 캐빈 씨를 때마다 '저분은 꼭 도깨비 같다'라는 생각을 합니다. 제가 그렇게 생각하는 것은 제가 도깨비 과에 속한 사람이라 도깨비의 기질을 알기 때문입니다. 그런데 어떻게 본인의 비즈니스를 하면서 여러 단체에서 봉사하실 수 있는지요? 무슨 비결이라도 있습니까?

"배 원장님의 '도깨비 같다'는 표현 매우 감사합니다. 저도 가끔 제가 도깨비 같다고 생각합니다 (웃음)

제가 부족하지만 한인 행사장에 남들보다 먼저 도착해 준비를 해 놓고 오시는 분들이 즐겁게 참여하시는 것을 보면 매우 행복합니다. 그리고. 언제부터인가는 제가 이 일을 즐기고 있다는 것을 알게 되었고요. 주 정부가 주최하는 행사 등에 한인 대표로 회장님과 함께 참석하는 것도 즐겁습니다.

또 하나의 즐거움은 LA 총영사관에서 실시하는 순회 영사업무를 돕는 일인데 민원인들이 걱정했던 일을 해결하고 기뻐하는 모습을 볼 때면 저 또한 기쁩니다."

지금 근무하시는 뱅크 카드 서비스는 어떤 회사입니까? 간단히 소개 좀 해 주십시오.

"캘리포니아 토렌스에 본사를 둔 약 40년의 역사를 가진 Credit Card Processing 회사입니다. 2002년부터 근무하였으니 23년째가 되었습니다. 업무 내용은 신용카드(크렛딧카드, 데빗카드, 체크카드, 애플페이 등)를 식당, 소매, 도매 백화점 등에서 사용할 수 있게 POS System 또는 Terminal을 설치, 운영, 관리하는 회사입니다. 혹, 서비스가 필요한 분이 있어 제게 연락 주시면 좀 더 구체적으로 안내해 드릴 수 있습니다." (https://www.navyz.com/)

캐빈 씨가 생각하는 라스베가스 한인 사회는 어떤 사회입니까?

"라스베가스라는 도시는 저의 짧은 인생 중 1/3을 보냈고 앞으로도 즐겁고 재미있게 살아갈 도시입니다. 라스베가스 한인 사회 역시 인정과 사랑이 살아 숨 쉬는 아름다운 사회입니다. 제가 이곳에서 20년 넘게 일하며, 돈 벌고, 자고, 먹고, 생활하면서 느낀 이 감정은 변함이 없습니다. 제게 도움을 주신 분들도 많고 저 또한 적게나마 챙겨 주고 도와줄 수 있는 동생들과 후배들이 있어 행복합니다.

　최근 한국에서 많은 분이 개인 사업과 컨벤션, 관광, 공무원들의 업무 시찰, 각종 운동 경기 참가, 엔터테인먼트 공연 등의 이유로 라스베가스를 방문하고 있습니다. 그분들의 방문 목적을 이루기 위해 현재 라스베가스 한인회는 특별한 관심을 가지고 노력하고 있습니다. 많은 한인 젊은이들이 통역 등의 일을 맡아 참여하고 있습니다."

　말씀을 들으며 캐빈 씨의 라스베가스 한인 사회에 대한 깊은 애정을 느낄 수 있습니다. 자신이 사는 도시와 환경에 대해 이렇게 긍정적이고 희망적인 얘기를 들으니 저까지 기분이 좋아집니다. 간혹 우리 한인 가운데도 라스베가스와 라스베가스 한인 사회를 부정적으로 얘기하는 사람들도 있는데 그것은 자신의 삶을 힘들게 할 뿐만 아니라 시간이 지날수록 그 부정적인 생각이 더 깊어지게 될 것입니다.

"제가 처음 라스베가스에 정착하여 영업을 하며 돌아다닐 때 점심 도시락을 나누어 주신 분도 계셨고 명절 때마다 집으로 초대해 주시는 분 등 제게 사랑을 베풀어 주신 분들이 참 많이 계십니다. 이렇게 제가 사랑을 받은 곳이기에 저도 제가 부족하지만 사회 봉사에 참여하고 있는 것입니다."

캐빈 씨는 어느 누구보다도 라스베가스 한인 사회에 대해 잘 알고 계실 것으로 생각됩니다. 혹, 우리 사회가 고쳐졌으면 하는 점이 있다면 어떤 것입니까? 그리고 그 대안까지 말씀해 주실 수 있겠습니까?

"계속해서 라스베가스로 이사 오시는 분들이 늘어나고 있는 것을 많이 느끼고 있습니다. 평소 느끼지 못했던 교통 정체가 어느덧 일반화가 되었더라고요. 얼마 전까지만 해도 라스베가스에서는 어느 곳이라도 15분 정도 이동하면 다 갈 수 있었는데….

이렇게 이주하시는 분들이 많아지면서 한인 사회 역시 규모가 많이 커졌습니다. 미국 내 유명한 한 대형 한인 마트가 영업을 준비 중이고 한국 식당들이 계속 늘어나고, 개인 병원, 꽃집, 음료 전문점, 한국의 길거리 음식점, 등 각종 일반 점포들이 계속해서 개업하고 있습니다.

이렇게 한인들의 사업이 넓혀지고 라스베가스 내 한인 상권이 활발해지면 한인들의 삶 또한 더욱 생동감을 갖게 될 것으로 기대됩니다. 라스베가스가 방문한 한인들에게 다시 찾고 싶은 도시로 인식되었으면 좋겠습니다.

외국에서 살면서 비즈니스를 한다는 것이 얼마나 어려운 일인가 하는 것은 직접 체험하지 않은 사람들은 모릅니다. 그러한 어려운 상황에서 더더구나 믿었던 한인으로부터 신뢰가 깨어지는 일을 당할 때 참으로 억울하고 하늘이 무너지는 듯한 절망감을 느끼게 될 것입니다. 이런 일은 없어야 할 것입니다. 라스베가스 한인 사회가 이웃에게 힘이 되어 주는 그런 사회가 되었으면 좋겠습니다. 그런 사회가 될 수 있도록 우리 모두가 노력해야 할 것입니다."

인간이 어떻게 하는 것이 가장 잘 사는 것일까요?

"인간은 우선 행복해야 한다고 생각합니다. 그리고 그 행복은 준비된 사람만이 누릴 수 있는 특권이라 생각합니다. 어릴 때부터 가정과 학교에서 바르게 배운 것을 실천하며 살아야겠지요. 하루아침에 갑자기 잘 살게 되지는 않는 것 같습니다. 갑자기 찾아온 행복이 있다면 그것은 어쩌면 갑자기 내 곁에서 살아질 가능성이 높습니다. 행복을 위해 허황된 꿈을 버리는 것도 매우 중요합니다. 자칫 허황된 꿈, 허황된 행복을 쫓아다니다가 인생을 모두 허비하는 사람들을 라스베가스 우리 주변에서 많이 보게 됩니다. 한 번뿐인 인생이기에 정말 소중히 여기며 조심스럽게 살아야 할 것입니다."

라스베가스 우리 동포들에게 하고 싶으신 말씀이 있으면 한말씀해 주십시오.

"저는 라스베가스 한인 사회가 칭찬하는 사회가 되었으면 좋겠습니다. 잘못된 것을 지적하고, 불만을 이야기하기보다 좋은 일, 즐거운 일, 행복한 일을 서로 이야기하고 알려 주는 한인 사회가 되기를 바랍니다. 함께 행복한, 모두가 행복한 한인 사회가 되었으면 좋겠습니다."

오늘 새해 첫 초대석에 캐빈 씨를 모시게 되어 기쁩니다. 올해에도 도깨비처럼 이리 뛰고 저리 뛰고 바쁘게 사실 텐데 건강 잘 챙기시고 '행복한 도깨비'로 많은 사람에게 기쁨과 희망을 주는 멋진 삶을 사시길 바랍니다. 감사합니다. (2025. 1. 10.)

김복순 지휘자

"멍석을 깔아 주셨으니 한번 신나게 놀겠습니다"

오늘은 라스베가스 한인회와 라스베가스 서울문화원의 초청으로 오는 3월 2일 라스베가스에서 연주회를 갖는 화성여성합창단의 지휘자 김복순 씨를 초대석에 모셨습니다. 김 지휘자께서 현재 한국에 계시기에 인터뷰를 인터넷으로 진행합니다. 안녕하세요? 인터뷰에 응해 주셔서 감사합니다.

"안녕하세요? 저희 화성여성합창단이 라스베가스 동포들 앞에서 연주할 수 있도록 초청해 주신 것만으로도 감사한데 귀한 신문에 인터뷰까지 하게 되어 개인적으로 무한한 영광으로 생각합니다."

먼저 합창단이 소속된 화성시는 어떠한 도시인지 소개 좀 해 주십시오.

"화성특례시는 경기 서남부에 위치한 도시로 인구 21만의 시 승격 이후 23년 만인 2025년 1월 1일 인구 100만의 특례시로 승격되었습니다.

화성은 재정 자립도와 지역 내 총생산, 수출 규모 등 여러 지표에서 경기도 내 최고를 기록하고 있습니다.

대한민국에서 가장 젊은 활력(Vitality) 도시이자 반도체, 모빌리티, 바이오 등 3대 산업이 공존하는 스마트 첨단 미래(Intelligence) 도시. 동서남북 균형 발전(Balance)하는 도시, 교육 환경, 문화, 교통, 경제 등 지속적으로 성장(Expand)하는 도시로서 서해안 시대 핵심 거점이 되어 가고 있습니다. 또한 화성특례시는 문화, 역사, 예술이 빛나는 도시로 2024년에 복합문화 예술공간 화성시 독립기념관을 설립했습니다."

정말 빠르게 성장하는 도시군요. 3.1절 독립운동과도 밀접한 관계가 있다고 들었습니다. 그런 연유로 이번 방문 기간 중 라스베가스 한인회가 주최하는 106주년 3.1절 기념식에서 특별 연주도 합니다. 대한민국 국내 합창단이 외국에 나와 한인 기념식에서 연주한다는 것이 매우 이례적인 일로 생각되는데 소감이 어떠신지요?

"감개무량합니다. 저희 화성특례시에서는 3.1 운동과 관계있는 '4.15 제암리·고주리 학살사건'이 있었습니다. 이 사건은 일제강점기인 1919년 4월 15일 일본군이 현 화성시 향남읍 제암리 주민 23명, 인근 고주리 독립운동가 일가 6명 등 모두 29명을 학살하고 마을을 불태운 사건입니다. 당시 서울 탑골공원에서 시작된 3.1 만세 운동이 화성지역에서도 이어지자 일본군이 보복에 나선 것이었습니다.

  화성시는 희생된 29명의 넋을 기리기 위해 2024년에 '화성시 독립운동기념관'을 건립했습니다.

  이 기념관은 제암리 학살사건이 이루어진 현장에 역사와 문화가 공존하는 복합문화공간으로 조성되었습니다.

  이번에 화성여성합창단이 라스베가스 한인회와 서울문화원 초청으로 해외에서 열리는 3.1절 행사에 초대되어 연주한다는 것은 화성특례시 제암리 학살사건의 잔악함을 알리고 화성시의 독립운동사가 다른 지역보다 저평가되었기에 화성시 독립운동기념관 건립의 뜻을 홍보하고 기리는 일과 무관하지 않다고 말씀드리겠습니다. 저희 화성여성합창단으로서는 무척 영광된 자리입니다. 이런 기회를 주신 라스베가스 한인회와 서울문화원에 깊이 감사드립니다."

이번엔 지휘자 김복순 본인에 대해 소개 좀 해 주십시오.

"저는 협성대학교에서 합창 지휘로 학사와 석사를 마쳤으며, 성신여자대학교에서 음악교육 석사 과정도 수료했습니다. 그 후 이태리 가스파레 스폰티니(Gaspare Spontini) 공립음악원에서 합창 지휘 연주학 박사를 취득했습니다.

  협성대학교와 몽골국제대학에서 합창 지휘를 가르쳤으며, 2024년에는 핀란드 시벨리우스 국제합창콩쿠르대회에서 심사 위원장을 맡아 활동했습니다.

지금은 화성여성합창단, 복사골 합창단, 부천기독남성합창단을 지휘하고 있습니다."

활동이 대단하시군요. 이번엔 화성여성합창단에 대해 소개 좀 해 주십시오.

"화성여성합창단(단장 김정주)은 2013년에 창단된 봉담여성합창단이 2025년 1월 화성특례시 승격에 맞춰 변경된 명칭이며 현재 40여 명의 단원이 활동하고 있는 명실상부 화성을 대표하는 합창단입니다.

다양한 방법으로 음악을 전파하는 화성여성합창단은 매년 정기연주회를 개최하며 기획연주도 합니다. 지난 2024년 6월에는 지역 문화 발전을 위해 봉담 호수 공월에서 야외 콘서트를 성황리에 개최했으며 2022년 핀란드 시벨리우스 국제 합창 콩쿠르에서 성인 합창 부문 1등을 차지했고, 또한 포천 세계합창올림픽에서 여성합창 부문 은메달을 수상했습니다."

김 지휘자께서 생각하시는 합창의 매력은 무엇이며 청중이 합창 음악을 들을 때 유의해야 할 것은 무엇이라고 생각하십니까?

"저는 오랜 시간 합창과 함께 생활했습니다. 한때는 일주일에 저와 함께 합창을 한 사람이 300명이 넘을 때도 있었습니다. 다시 태어나도 합창지휘자가 하고 싶을 만큼 합창을 좋아하는 사람 중 한 명입니다. 합창은 노래를 못하는 사람도 같이할 수 있는 장점이 있습니다. 혼자 독창을 부르면 실력이 다 탄로 납니다. 그러나 합창을 하면 아름다운 하모니 속에 내 소리가 보완됩니다. 단원 가운데는 본인이 노래를 잘하지 못한다는 것을 알고 있음에도 신기하게도 합창을 통해 마음의 교감을 나눕니다. 힐링이 됩니다. 또 연습에 나오고 싶어집니다. 이게 가장 큰 합창의 매력입니다."

이번 라스베가스 방문 중 화성여성합창단이 연주회를 개최하시는 것으로 압니다. 안내 좀 해 주십시오.

"앞서 말씀드린 대로 3월 1일에는 라스베가스 한인회 주최 106주년 3.1절 기념행사에 참석해 특별 연주를 하고 3월 2일 오후 4시에는 라스베가스 중앙교회에서 저희 단독 연주회를 합니다."

주로 어떤 곡들이 연주됩니까? 연주회의 감상 포인트가 있다면 미리 좀 알려 주십시오.

"감상 포인트? 특별히 그런 거 없습니다. 그저 오셔서 음악회장의 열기를 같이 즐기시면 충분하리라 생각됩니다. 해외 연주를 준비하면서 고민하지 않은 것은 아니지만 그래도 무엇보다 청중을 즐겁게 해 드린다는 생각으로 준비하고 있습니다. 이곳에 계신 한인 여러분과 한국에서 온 저희가 같이 신나게 한번 놀았으면 좋겠습니다. 멍석을 좋게 깔아 주셨으니 저희가 잘 노는 광대가 되어 보겠습니다. (웃음)

네 개의 무대로 나눠지는 이번 연주회의 첫 번째 무대에서는 신작 한국 가곡 '꽃 피는 날' 동요 '산새가 아침을' '꽃밭에서' 성가 '내 주를 가까이'가 연주되고, 두 번째 구대에서는 '바람의 노래' 'Kayama-Adiemus' '꼬부랑 할머니' '봉선화' 등이 연주됩니다.

세 번째는 민요와 대중가요가 어울리는 흥겨운 무대로 '아름다운 나라' '울산아가씨' '군밤타령' '도라지' '경복궁타령' '아리랑' '아모르파티' '찐찐찐' '사랑의 배터리' 등이 연주되며 네 번째 무대에서는 이곳 라스베가스 힐링콰이어와 합등으로 '사랑의 열매' '조국 찬가'를 연주합니다.

힐링콰이어는 독자적으로 한국 가곡 '황혼의 노래'와 성가 '은혜'를 연주하며 연주회 중간에는 멋진 소프라노 독창도 감상하실 수 있습니다."

인간의 덕목 중 가장 중요한 것이 무엇이라고 생각하십니까?

"인간의 덕목을 꺼내시면 전 어디론가 숨고 싶습니다. 제가 뭐 하나 제대로 하는 게 없으니 말이죠. 그러나 제가 생각하는 어떠한 덕목도 혼자는 훈련하기 어렵지만 여럿이 같이하면 더 잘할 수 있다고 생각합니다. 참는 일도, 배려하는 일도, 겸손한 일도. 소통도, 협동도 모두 당사자가 필요한 일이기 때문입니다. 남을 존중하고 공감하며 배려하는 삶이 가장 중요하다고 생각됩니다."

끝으로 라스베가스 한인 동포들에게 하고 싶으신 말씀이 있다면 해 주십시오.

"제가 감히 무슨 말씀을 드리겠습니까? 멀리 이국땅 미국 라스베가스에서 열심히 사시는 여러분들이 자랑스럽습니다. 방문 동안 여러분께서 열심히 사시는 모습을 세심히 잘 보고 돌아가 그것을 잘 전하겠습니다. 아무쪼록 2025년 새해에도 많이 웃으시고, 신나게 노시고, 건강하시길 빕니다. 감사합니다."

제가 〈라스베가스 초대석〉을 진행한 것이 3년째가 되는데 오늘 처음으로 인터넷으로 진행해 봤습니다. 불편한 점이 있었다면 이해를 바랍니다. 늘 건강하시고 오는 3월 2일 화성여성합창단의 라스베가스 연주회가 성공적으로 열리길 기대합니다. 감사합니다. (2025. 2. 7.)

전문석 라스베가스 한국노인회장

"노인들에게 노인회 활동을 권하면
'내가?' '왜?' 하며 깜짝 놀랍니다"

지난 2월 초에 있었던 라스베가스 한국노인회 주최 구정 맞이 '2025 떡국 잔치'는 대성황리에 치러진 한인 축제로 생각됩니다. 한인회 로비를 꽉 채운 한인의 숫자도 놀랍지만 참석한 한 분 한 분의 얼굴에서 느끼게 되는 밝고 행복한 모습은 우리가 좀처럼 느껴보지 못한 가슴 뭉클한 장면이었습니다. 오늘은 라스베가스 한국노인회 전문석 회장님을 모시고 여러 가지 말씀을 듣고자 합니다. 회장님, 안녕하세요?

"안녕하세요? 초대해 주셔서 감사합니다."

앞서 말씀드렸습니다만 이번 떡국 잔치는 매우 훌륭하게 치러졌습니다. 회장님께서 수고 많으셨습니다. 행사를 성공적으로 끝낸 회장님의 소감은 어떻습니까?

"준비하는 과정에 약간 힘들기도 했지만 많은 분이 오셔서 즐거워하는 모습을 보며 저 개인적으로 대단히 고맙고 행복했습니다. 그리고 이번 행사가 행사의 규모뿐 아니라 지역 내 많은 단체가 이 일에 협력하여 함께 이뤄냈다는 것에 저는 좀 더 큰 의미를 두고 싶습니다. 이 기회에 힘을 합쳐 주신 라스베가스 한인회 알렉스 김 회장님을 비롯한 많은 단체와 단체장님께 감사를 드립니다."

실례지만 이번 행사에 사용된 경비는 얼마나 됩니까?

"대략 5, 6천 불이 들었습니다. 한인회가 많은 도움을 줬습니다."

전 회장님 개인에 관해 소개 좀 해 주십시오.

"저는 1943년 대구에서 출생하여 어린 시절과 학창 시절을 그곳에서 보냈으며 대학에서는 경영학을 전공했고 졸업 후에는 무역회사에서 근무하다가 그 후 얼마 후 직접 무역회사를 창업해 운영하기도 했습니다. 무역 관련 일을 하다 보니 자연스럽게 외국을 다니게 되었고 그러한 인연으로 1980년 9월 미국으로 건너와 살게 되었습니다."

미국 오셔서도 무역과 관련된 일을 계속하셨습니까?

"아닙니다. 처음엔 제가 LA에서 한인 인도어 스왑밋을 구상해 몇 분의 투자자와 함께 설립해 개니저 일을 10년가량 했습니다. 당시 인도어 스왑밋이 초기 한인 이민자들의 정착에 다소의 도움을 줄 수 있었던 것은 큰 보람으로 생각합니다. 그 후 도넛샵을 2년가량 운영했는데 그때 LA 폭동 사건(1992년 4월 29일~5월 4일)이 발생해 문을 닫고 텍사스주 알파소로 이주했습니다. 그곳에서는 20만 스퀘어피트 규모의 인도어 스왑밋을 직접 운영했습니다. 그러다 아들, 딸이 사는 LA를 왕래하는 중에 라스베가스를 알게 되어 2003년 3월 라스베가스로 이주해 와 이제 22년째 살고 있습니다."

노인회의 활발한 활동을 보면서 라스베가스 한국노인회가 지금까지 거쳐온 역사가 궁금해집니다. 간단히 소개 좀 해주십시오.

"라스베가스 한국노인회는 1981년에 만들어졌습니다. 역대 회장님들을 소개하면, 초대 회장 이봉용, 2대 이재혁, 3대 손현국, 4대 염지동, 5~7대 이건순, 8~11대 백상현, 12~13대 이태우, 14~21대 황인재 그리고 제가 22대 회장입니다. 1983년에는 10월 25일을 노인의 날로 선포하고 효행자, 장수 노인 등을 선정해 시상했고 1994년에는 라스베가스 한인 사회 최초로 경로잔치를 거행했습니다. 1998년에는 라스베가스와 자매결연 관계에 있는 한국의 경기도 안산시를 라스베가스 노인회 일행이 방문하였고 그 기회에 제주도 관광까지 했습니다. 1994년에는 구세군 한인교회가 노인대학을 설립해 운영했고 2001년에는 언약성결교회에서 경로대학을 설립해 오랫동안 지역 노인들의 활동을 도왔습니다. 지금도 휄로쉽교회의 독거노인 반찬 섬김 등 많은 교회와 단체들이 노인들의 생활에 관심을 갖고 협력하고 있습니다."

한국에서는 오래전 60세부터 노인이라고 하다가 지금은 65세부터 노인으로 칭하고 있습니다. 그런데 노인이라는 이 호칭을 꺼리는 경우가 많아 요즘은 한국에서도 고령자, 시니어(Senior), 실버 등으로 바꿔 사용하기도 합니다.

"명심보감에 보면 '그대는 오늘 노인을 보고 웃지 마시오. 내일 아침이면 그대도 노인이 될 테니까'라는 말이 있습니다. 세상에 노인이 되고 싶어 노인이 되는 사람은 아무도 없습니다. 노인은 인생의 한 과정입니다. 제가 지역 노인분들께 함께 노인회 활동을 할 것을 권하면 대부분 '내가?' '왜?' 하며 깜짝 놀랍니다. 본인이 노인이 된 것을 받아들일 수 없다는 표정입니다. 자신이 노인이라는 것을 남들은 모두 아는데 자신만 모르는 것입니다. 세상에 늙어 노인이 되고 싶은 사람이 누가 있겠습니까? 젊게 살고 싶지 않은 사람이 어디 있겠습니까?
105세 철학자 김형석 교수는 인생의 황금기는 65세에서 70세라고 했습니다. 노인이든, 시니어이든 우리는 남아 있는 생의 시간을 황금처럼 보석처럼 귀하고 소중하게 사용해야 할 것입니다."

노인회 일을 하시다 보면 가끔 특별한 상황과 맞닥뜨리는 경우도 있으리라 생각됩니다. 가장 감동적이었던 일 하나와 가장 마음 아팠던 일 하나를 소개해 주십시오.

"잊지 못할 일로는 얼마 전 새벽 2시에 경찰에서 전화가 와 기억을 잃은 한인 노인을 며칠 수소문 끝에 가족과 만나게 해 드린 일도 있고 가장 마음 아팠던 일은 홀로 사시던 분이 몸이 아픈데도 병원을 가지 못하고 그냥 누워 계시다 돌아가신 지 4일 만에 발견되었던 일도 있습니다. 그래서 특별히 홀로 사시는 분들께는 비상 연락망으로 노인회와 한인회의 전화번호를 벽에 크게 벽에 써 두시고 무슨 일이 있으면 바로 전화하시라고 말씀드리고 있습니다."

말씀을 듣고 보니 노인회가 한인 노인들을 위해 많은 일을 하고 계시는군요. 다시 한번 감사드립니다. 현재 라스베가스 한국노인회의 임원을 소개 좀 해 주십시오.

"전임 회장이셨던 황인재(89세) 씨가 고문이시고 저 전문석(82세)이 회장이고, 이귀순(95세) 씨가 부회장, 김현중(84세) 씨가 재무 이사로 일하고 있습니다."

우와! 우리 라스베가스 한국노인회 임원분들의 연세가 이렇게 높은 줄 몰랐습니다. 저 스스로 대단히 죄송하고 크게 부끄러움을 느낍니다. 네 분의 연세를 언뜻 속셈으로 평균을 내 보니 87.5세가 되는 데 이런 고령임에도 불구하고 다른 사람을 위해 봉사 활동하고 계신 것이 참으로 감동적이며 저 스스로를 크게 반성하게 합니다. 전 회장님의 가족을 좀 소개해 주십시오.

"성인이 되어 LA에서 사회생활을 하는 아들과 딸이 있고 여기는 아내 전명숙과 어릴 때 법적 입양한 세 아이와 함께 있습니다."

죄송합니다만, 입양한 세 아이란 무슨 말씀입니까?

"제가 어릴 때 부모 얼굴도 제대로 보지 못하며 자라서 그런지 저는 부모 없는 아이들을 보면 특별히 마음이 쓰입니다. 그래서 지금까지 세 어린아이를 입양해 함께 생활하고 있는데 그 기간이 이제 십수 년이 되었습니다. 한 아이는 12살이고, 한 아이는 14살, 그리고 큰아이는 17살입니다."

저는 지금까지 〈라스베가스 타임즈 초대석〉을 25회 진행했는데 이번처럼 놀라움이 계속된 적은 없었습니다. 어떤 사람에게는 까도 까도 미담만 나온다는 얘기를 들은 적은 있지만 오늘 전 회장님의 말씀은 갈수록 놀라운 일이 이어지고 있습니다. 죄송하지만 입양하신 아이들은 어떤 아이들입니까?

"한국계 아이들은 아니고요. 모두 착하고 멋진 아이들입니다. 감사하게도 학교 공부도 잘합니다."

전 회장님께서 세 아이를 입양하여 키우시고 또 노인회에서 열심히 봉사하시는 것을 보며 참으로 귀하고 아름다운 삶을 사신다는 생각도 듭니다. 이런 삶을 가능하게 한 그 원동력은 무엇이라고 생각하십니까?

"배 원장께서 그렇게 말씀하시니 제가 몸 둘 바를 모르겠습니다. 제가 하는 일은 특별한 것도 아니고 우리 주변의 많은 사람이 상황은 다르지만 각각 실천하고 있습니다. 저는 저와 제 아이들이 편안하게 살게 해 준 미국에 늘 감사하고 있습니다. 그래서 이 나라에, 또 그 누군가에게 도움을 주는 삶을 살려고 노력합니다. 그리고 제가 미션스쿨인 대구 계성중·고등학교를 졸업했는데 그때 받은 가르침이 저를 좀 더 적극적으로 살게 하는 것 같습니다."

놀라운 말씀을 듣다 보니 이제 제게 주어진 지면이 다 채워진 것 같습니다. 긴 시간 동안 귀한 말씀 감사합니다. 회장님의 여생과 라스베가스 한국노인회의 발전을 빕니다. (2025. 3. 7.)

안젤라 미첼 라스베가스 재능기부회 대표
"'둥 둥 둥 둥' 북장단에 어깨춤이 절로 납니다"

안녕하세요? 지난 3월 18일 오후 Sahara Ave. & Arville St. 네거리 남쪽에 위치한 클락 하이스쿨 강당에서는 오랜만에 한류 문화 공연이 열려 객석을 꽉 채운 관객들로 하여금 한국문화를 맘껏 즐기게 하는 매우 뜻깊고 소중한 공연이 있었습니다.

오늘은 이 행사를 주최한 라스베가스 사랑과 평화를 위한 재능기부회의 안젤라 미첼 대표님을 모시고 말씀을 듣고자 합니다. 안녕하세요? 초대에 응해 주셔서 감사합니다.

"귀한 지면에 초대받게 되어 영광입니다."

이번 공연은 여러 가지 면에서 대단했다고 생각합니다.

첫째는 다양한 프로그램이고 둘째는 공연의 높은 수준이고 셋째는 많은 관객이고 넷째는 공연자들이 대부분 고령임에도 불구하고 열정적으로 공연하는 모습입니다. 먼저 이번 공연 프로그램을 좀 소개해 주십시오.

"배 원장께서 저희 공연을 좋게 봐주셔서 감사합니다. 이번 공연은 김 시스터즈의 리드였던 김숙자 씨가 직접 출연해 인사와 함께 노래까지 불러 줌으로써 공연이 화기애애한 분위기 속에서 끝까지 잘 진행될 수 있었습니다.

김숙자 씨의 친오빠인 김 브라더스의 김영조 씨도 이날 함께 출연해 연주했으며 보컬리스트 제프리 김 씨도 기타 반주와 감미로운 노래로 관객들을 즐겁게 했습니다.

이번 공연은 무엇보다 춤 순서가 많아 다양한 한국 춤의 묘미를 느낄 수 있었을 것입니다.

춤사랑 무용단(단장 헬렌 리)의 '기원무' '부채춤' '오고무' '검무' 공연과 휘몰이 팀의 '사물놀이' '살풀이' '만남' 공연, 원 한국예술단의 '봄날' '원북' 공연, 댄스 김스튜디오의 'K-pop'이 화려한 몸짓으로 공연되었고, 이글 태권도 A, B팀의 묘기에 가까운 태권도 시범, 그리고 2024년 한인회 주최 한인 노래자랑에서 우승한 이희존 씨가 '아 대한민국'을 열창해 관객의 뜨거운 박수를 받았습니다. 정말 신나는 무대였습니다."

말씀만으로도 그날의 감동을 다시 한번 느낄 수 있습니다.

언젠가부터 우리 사회에 재능기부란 말이 많이 사용되었습니다. 그러나 요즘은 다소 그 사용 빈도가 줄어든 느낌도 듭니다. 재능기부란 무엇입니까? 무엇을 하는 것입니까?

"재능기부(才能寄附)란 자신이 가지고 있는 재주와 재능을 자선 사업이나 공공사업 등에 대가 없이 내놓는다는 뜻의 한자 합성어입니다.

사람은 누구나 자신의 재능이 남을 위해 사용될 때 기분 좋아합니다. 그래서 이웃을 돕는 기부 행위는 인류의 역사와 함께 계속 이어져 왔습니다. 재능기부는 이런 기부, 자선 행위를 보다 체계적으로 갖춘 새로운 기부 형태입니다.

쉽게 말씀드려서 남들보다 조금 잘하는 자신의 재능을 개인의 이익이 아니라 사회를 위해서 사회단체 또는 공공 기관 등에 기부하는 것이지요. 재능기부가 봉사활동과 다른 점은 개인의 차이를 존중하는 데 있으며 각자의 재능을 사회에 환원한다는 점에서는 모두 의미가 있다고 봅니다. 금전적인 기부는 장기적인 기부가 아니라 일회성의 기부가 대부분인 데 반하여 재능기부는 각자의 전문성과 지식을 바탕으로 한 지속적인 기부 형태입니다. 사람마다 각기 다른 재능을 가졌기에 재능기부의 종류는 셀 수 없이 많습니다."

제가 〈라스베가스 타임즈〉의 초대석 인터뷰 기사를 싣기 시작한 것이 2023년 2월이었습니다. 인터뷰는 매회 서두에 인사말과 함께 본인 소개로 이어졌는데 오늘은 3월 18일 공연의 열기가 워낙 뜨거워 그 얘기부터 했습니다. 이제 본인 소개를 간단히 부탁드립니다.

"저는 만주 푸순에서 태어났습니다. 그리고 한국의 서울, 파주, 제주도 등에서 살았습니다. 제가 어릴 때 제 아버지께서 몇 분의 교인들과 함께 서울 은평구 홍제동에 교회를 개척하셔서 제가 그 교회에서 많은 시간을 보냈던 기억이 납니다. 특히 그때 교회에 있는 풍금(오르간)을 가지고 놀았던(?) 것이 제가 살아가는 데 큰 위로가 되었고 삶의 방향을 결정하는 데도 도움이 되었습니다. 미국 이민은 1987년 가족 초청으로 왔고 LA에서 살다가 1997년에 라스베가스로 이주해 지금껏 살고 있습니다."

라스베가스로 이주해 오셔서 그다음 해부터 제가 당시 지휘하던 라스베가스 서울합창단에 입단하셔서 함께 활동했던 기억이 납니다. 당시 알토 파트장을 맡아 열심히 활동하셨죠.

"그랬었죠. 벌써 25년 전의 일입니다. 지나간 시간은 모두 소중하지만 그땐 젊기도 했지만 참 좋았습니다. 모든 것이 좋았습니다."

저도 가끔 그 시절이 그립기도 합니다. 미국 이민 후 LA에 사시면서 어떤 일을 하셨습니까?

"남편은 직장 생활을 했고 저는 9년가량 클럽에서 오르간을 연주했습니다."

오르간을 연주하셨다고요? 학창 시절에 음악 공부를 정식으로 하셨나요?

"아뇨. 앞서 말씀드린 어릴 때 교회에서 풍금을 가지고 놀았던 것이 저의 음악 공부의 전부예요. 그런데 신기하게도 저는 그 당시 한 번 들은 음악은 대충 건반으로 다 찾아 칠 수 있었어요. 당시 클럽에서는 독주 외 노래 반주도 했는데 제가 모르는 노래도 그저 대충 앞부분만 들어도 맞춰서 반주할 수 있었어요. 물론 제대로 된 연주는 아니었겠지만 그래도 9년가량 그 일을 계속했으니 어느 정도는 들어 줄 만했었나 봐요. (웃음)"

우와! 대단한 음악성을 가지고 계셨군요. 요즘도 연주를 계속하십니까? 그리고 또 오르간 외 다른 악기도 연주하시는지요?

"연주를 안 한 지는 꽤 오래됐습니다. 제가 클럽에서 연주할 때 손목을 혹사한 탓인지 그것이 아파 오랫동안 고생했습니다. 음악이 좋아 여러 가지 악기를 조금씩 배우기는 했지만 오르간만큼 연주가 가능한 악기는 없습니다. 문화원장님 앞에서 이런 말씀드리는 것이 좀 쑥스럽지만 저는 한때 국악이 좋아 가야금도 배웠습니다. 그리고 한국 무용의 매력에 빠져 한국 무용을 배우기도 했고요."

우와! 오르간과 가야금에 한국 무용까지요. 무용은 어떻게 하시게 되었습니까?

"춤은 잠시 배웠을 뿐입니다. 저는 개인적으로 '무아지경(無我之境)'이란 말을 좋아합니다. 이 말의 사전적인 정의는 '정신이 한곳에 온통 쏠려 스스로를 잊고 있는 지경'인데, 무용수들이 무대 위에서 작품에 빠져 무아지경 속에서 진지하게 동작을 하는 것을 보면서 저는 그것이 부러웠을 뿐만 아니라 가끔은 내가 그 작품 속에 들어가 있다는 착각까지 들 때도 있었습니다. 그래서 저는 이런 느낌과 감동을 다른 사람들에게도 경험하게 해 드리고 싶어 행사를 개최하는지도 모릅니다."

아! 이제야 안젤라 대표께서 이런 재능기부 문화 공연을 개최하는 이유를 알 것 같습니다. 실은 제가 조금 전까지만 해도 이분이 왜 이런 힘든 공연을 하는가 의문을 계속 가지고 있었습니다. 대표님의 깊은 이웃 사랑을 제대로 이해하지 못한 제가 부끄럽기까지 합니다. 미안합니다.

"아닙니다. 천만의 말씀입니다. 제가 사람들에게 한국 공연 문화를 소개하고 그것을 즐기게 하고 싶은 의욕이 앞서 실지 실행 과정에서는 여러 가지 미숙한 일도 많고 이 일로 불편한 분들도 있을 겁니다. 제가 좀 더 잘해야죠."

이제 끝으로 라스베가스 사랑과 평화를 위한 재능기부회의 앞으로의 계획은 무엇입니까?

"이번 제2회 공연이 지난해 첫 공연보다 규모나 내용에 있어 훨씬 다양하고 발전되었다는 평가를 받은 만큼 내년엔 더 알차고 수준 높은 내용으로 관객들을 초대할 예정입니다. 이제 또 극장 대관부터 출연자 섭외, 홍보 등 해야 할 일이 꽤 많이 있습니다.

그리고 이번 제2회 재능기부 공연에 참가하신 출연자와 관객 여러분들 그리고 여러 가지 방법으로 도움을 주신 알렉스 김 라스베가스 한인회장을 비롯한 모든 단체와 개인 후원자들께 감사드립니다."

마무리 인사까지 깔끔하게 해 주시는 모습을 보며 대표님의 성품을 느낄 수 있을 듯합니다. 오늘 긴 시간 동안 귀한 말씀 감사합니다. 사랑과 평화를 위한 재능기부회의 발전을 빕니다.˙(2025. 4. 4.)

문상구 등산가
"산이 좋은 것은 변함이 없기 때문입니다"

안녕하세요? 오월의 푸르름이 온 세상을 뒤엎는 듯합니다.

오늘은 산을 사랑하며 오랫동안 사회봉사에 힘쓰고 있는 문상구 선생을 모시고 말씀을 듣고자 합니다. 인터뷰에 응해 주셔서 감사합니다.

"안녕하세요? 귀한 지면에 초대되어 제게는 큰 영광이지만 오늘 제가 무슨 말을 해야 할지 약간 불안하기도 합니다."

편안한 마음으로 편하게 말씀해 주시면 되겠습니다. 먼저 본인 소개를 간단히 부탁드립니다.

"저는 대구에서 출생해 그곳에서 계속 살다가 학교 졸업 후 의류 관련 비즈니스를 하다가 1997년 12월 형제 초청으로 가족과 함께 라스베가스로 이민했습니다. 40대 중반에 결행한 이민 초 적응에 다소 힘들었지만 그럴 때마다 라스베가스 근처의 산들을 찾아 오르며 조금씩 적응했습니다. 선천적으로 남과 어울리기를 좋아하는 저의 성격 탓에 한인회 활동에도 참여해 여러 가지 일도 했으며 현재 라스베가스 한인회 수석 부이사를 맡고 있습니다."

제가 2000년대 초 한인회 주최 한인 노래자랑 대회에 조금 관여한 적이 있는데 그때 문 선생께서 입상하셨던 것으로 기억되는데 맞습니까?

"네. 그랬었죠. 2년 연속 입상했더니 그다음 해에 배 원장님께서 노래자랑에 참가하지 말고 같이 심사를 하자고 해 그렇게 했던 일이 있었습니다. 이십 년도 더 지난 일입니다."

현재 한인회 수석 부이사라고 하셨는데 한인회 활동은 언제부터 했으며 주로 어떤 활동을 하셨습니까?

"2000년대 초 백상현 한인회장 재임 당시 홍보부장을 맡아 4년간 봉사했으며 2023년 알렉스 김 현 한인회장의 임기 시작과 함께 이사로 참여해 각종 행사에 참여하고 있습니다. 제가 워낙 사람 만나 얘기하는 것을 좋아하는 성격이라 한국 등에서 오는 외부 인사의 영접이나 공연 팀의 준비 등에 나름대로 참여하고 있습니다.

볼드 시티 메모리얼 파크에서 열리는 한인회, 재향군인회 공동 주최의 메모리얼 데이 기념식 직후 식사 모임과 지난 3.1절 기념식 직후에 열린 식사 모임에서 제가 몇몇 분과 함께 고기 굽는 일을 맡았는데 이젠 한인회 행사 시 고기 굽는 일이 제 일로 굳힌 듯합니다. (웃음)"

현재의 라스베가스 한인 사회는 지난 그 어느 때보다도 안정되고 크게 발전하고 있다고 생각됩니다. 이 시간을 빌려 현 한인회에 감사를 드립니다. 물론 지난 회기들도 좋았습니 다. 당시엔 한인 사회가 가족 같은 분위기였죠. 가끔 충돌하는 경우도 있었지만 지금 생각하면 그것이 그립기도 합니다. 생각들이 순수했고 그 충돌까지 도 일종의 '사랑 싸움' 같은 것이었습니다.

이제 다시 개인에 관한 질문으로 돌아가겠습니다. 라스베가스에 오셔서 초기엔 한국에서 하시던 의류 관계 비즈니스를 계속하셨습니까?

"아닙니다. 한 지인의 권유로 카지노 딜러를 시작해 지금까지 현재 26년째 그 일을 계속하고 있습니다."

아, 지금도 딜러를 하고 계시는군요. 현재 근무하고 있는 직장을 말씀해 주시겠습니까?

"플래닛 할리우드 리조트 & 카지노(Planet Hollywood Las Vegas Resort

& Casino)입니다. 제게는 매우 자랑스럽고 고마운 직장입니다. 이곳에서 일한 지난 20년 동안 가정 경제를 안정시킬 수 있었고 제 나름대로 취미 생활도 활발하게 할 수 있었습니다."

저도 이제 라스베가스 생활 30년이 거의 되어 가니 가끔 '어떻게 하면 카지노 딜러가 될 수 있느냐?'는 질문을 받습니다. 이것에 대해 현장 전문가로서 한말씀해 주십시오.

"요즘은 제가 딜러 일을 처음 시작했던 이삼십 년 전보다는 일자리를 갖는 것이 다소 수월한 것 같습니다. 딜러를 생각하신다면 일단 딜러 스쿨에서 카지노에서 사용되는 기본적인 기술을 배워야 합니다. 그 기간은 사람에 따라 다르지만 보통 두 달쯤이면 됩니다.

딜러의 장점 중의 하나는 근무 시간 외 시간을 자유롭게 사용할 수 있다는 점입니다. 하루 8시간 근무로 5일이면 40시간이 되니까 이틀은 쉴 수 있고, 어느 정도 경력이 생기면 카지노마다 다르겠습니다만 휴가도 일 년에 5주가량 사용할 수 있어 자신의 활용 여부에 따라 충분히 자기개발의 시간을 가질 수 있습니다."

혹, 이 인터뷰 기사를 읽는 분 가운데 딜러를 생각하고 있는 사람이 있다면 좋은 정보가 될 것 같습니다.

산을 매우 사랑하시는 걸로 압니다. 그리고 오랫동안 한인들을 위한 산악회를 조직해 산행을 리드해 오시는 것으로 압니다. 산의 어떤 점이 그렇게 좋으십니까?

"산이 좋은 것은 변함이 없기 때문입니다. 아무리 좋은 인간관계에 있는 사람이라 할지라도 경우에 따라 서로에게 실망하고 관계가 깨어지곤 합니다. 그러나 산은 언제나 한결같이 자신의 주장 없이 제 말을 잘 들어 줍니다. 앞서도 짧게 말씀드렸지만 사십 대 중반에 결행한 이민이라 대부분 이민자가 그렇듯 저 또한 이민 초 적응하는 데 어려움이 많았습니다. 마음이 답답할 때마다 산을 찾았습니다. 홀로 산속을 걷거나 산에서 도심을 한참 내려다보고 있으면 어느새 마음이 편안해지는 것을 느낄 수 있었습니다. 주로 가까이 있는 레드락 공원을 찾아갔는데 그 덕분에 레드락 구석구석에 있는 아름다운 곳을 많이 알게 되어 지금 산행을 리드하는 데 큰 도움이 됩니다."

산이 변함이 없기에 좋아한다는 말씀에 크게 공감합니다. 또 다른 산이 주는 교훈이 있다면 어떤 것이 있을까요. 한 가지만 더 말씀해 주십시오.

"흔히 사람들이 농담처럼 '내려올 산을 왜 힘들게 올라가느냐?'라고 합니다. 맞는 말입니다. 산을 올라간 사람은 반드시 내려옵니다. 산을 내려오지 않은 사람은 죽어서 그곳에 묻힌 사람입니다. 내려온다는 것은 자기의 원래 자리로 돌아간다는 말입니다. 저는 이 말에서 '겸손'을 배웁니다. 아무리 위대한 업적을 이루고 높은 위치에 올라간 사람이라 할지라도 자신의 원래 자리를 기억해야 합니다. 사람 위에 사람 없고 사람 아래에 사람 없습니다. 우리는 모두 산 아래에서 삽니다. 그러므로 서로가 협조하며 사랑하며 살아야 합니다. 누군가가 남들 위에서 거만하게 자신을 뽐내며 내려오지 않는다면 그는 곧 순수성을 잃게 되고 남들로부터 미움을 받게 될 것입니다. 산을 오른 사람이 반드시 산을 내려오듯 우리는 모두 늘 자신의 원래 위치를 바르게 아는 지혜가 필요합니다. 그래야 이웃과 화목을 이룹니다. 제가 주제넘게 정리되지 않은 저의 생각을 말씀드렸습니다. 죄송합니다."

아닙니다. 매우 공감되는 귀한 말씀입니다. 라스베가스에서 산악회 활동은 어떻게 시작하게 되었습니까?

"2006년 가톨릭 천주교회 신도들을 중심으로 시작되었는데 나중에는 일반인들도 참여하여 70명까지 확대되기도 했습니다. 매주 화요일, 토요일 두 번씩 오전 6시에 레드락 산행을 시행했습니다. 그리고 점차 멀리 있는 산들도 찾아가 올랐는데 대표적인 곳으로는 마운틴 위트니(CA), 그림 같은 호수를 만날 수 있는 비숍(CA), 어니언 밸리(CA) 등입니다. 제 이전에도 산을 찾는 분들이 많이 계셨겠지만 저희 산악회가 결성되어 활발한 활동을 전개하자 라스베가스 내 여러 개의 산행 팀이 만들어져 한인들의 산에 대한 관심이 점차 높아지기도 했습니다."

지금도 계속 산행을 하고 있는지요?

"그럼요. 지금은 2024년 2월 '삼삼산악회'를 조직해 주 1회 화요일마다 산행을 하고 있습니다."

등산의 장점은 무엇입니까?

"제가 몇 년 전 COVID-19가 기승을 부릴 때 코로나에 걸려 고생한 적이 있는데 그때 치료하던 의사가 제 장딴지를 만져 보고서는 장딴지가 이렇게 단단하면 충분히 이겨 낼 수 있으니 걱정하지 말라고 말했던 적이 있습니다. 등산은 정신적인 안정감뿐만 아니라 신체의 발달로 건강하게 지낼 수 있습니다. 산악회원 가운데 코로나에 걸린 사람은 극히 소수입니다."

그렇군요. 다양한 말씀을 나누다 보니 오늘 제게 주어진 지면이 거의 채워진 것 같습니다. 끝으로 가족들을 소개해 주십시오.

"아내(김옥자)와 딸 예지(회계사), 아들 건우(약사)가 있습니다. 둘째 딸은 대학 1학년 때 교통사고로 먼저 하늘나라로 갔습니다."

제가 괜한 질문을 드린 것 같습니다. 죄송합니다. 늘 건강하시고 더 많은 사회봉사로 우리 사회를 계속 아름답게 가꿔 주시길 바랍니다. 감사합니다. (2025. 5. 9.)

정성옥 합창단장

"체질화된 '이웃 사랑'과 '사회봉사' 정신"

유월의 시작과 함께 본격적인 라스베가스의 뜨거운 여름이 시작되었습니다.

오늘은 더위와 추위와 상관없이 일 년 내내 사회봉사에 힘을 쏟는 라스베가스 힐링콰이어 정성옥 단장님을 모시고 말씀을 듣고자 합니다. 어서 오십시오.

"진행자께서 워낙 강하게 권하셔서 어쩔 수 없이 나왔습니다만, 신문사와 독자 여러분께 누가 되지는 않을지 염려됩니다."

별말씀을요. 사실 합창단 지휘자인 제가 진행하는 초대석에 합창단 단장을 모시고 인터뷰를 한다는 것이 왠지 신뢰성을 크게 떨어뜨리는 일인

듯합니다만 관계가 그렇다고 하여 정말 많은 봉사활동을 하는 분을 애써 외면하는 것도 옳지 않다고 봅니다. 오늘 좋은 말씀 부탁드립니다. 먼저 본인 소개를 좀 해 주십시오.

"저도 젊을 땐 고집이 좀 있는 편이었는데 요즘은 어쩐 일인지 남의 부탁을 거절하는 경우가 드뭅니다. (웃음)

저는 강원도 강릉에서 태어나 그곳에서 어린 시절을 보냈으며 이후 서울로 이주하여 중고등학교와 대학을 졸업 후 4년간 교사로 재직하며 교육 현장에서의 소중한 경험을 쌓았습니다. 그리고 1976년 새로운 삶의 기회를 찾아 미국 LA로 이민 후 29년 동안 한 직장의 메디케어 부서에서 상담을 맡아 사회 공공의료 분야에서 일했고 주말에는 15년 동안 한국학교 교사로 있으면서 아이들에게 한글과 한국의 전통문화, 예절 등을 가르쳤습니다. 지금 와서 생각해 봐도 이곳에서 태어난 우리 한인 2세들에게 조국을 소개하고 가르치는 일은 매우 보람되고 즐거운 일이었습니다.

LA 폭동의 공포와 노스릿지 지진으로 집이 무너지는 등의 많은 어려움도 있었지만 그런 와중에도 두 딸이 대학을 졸업하고 출가하여 지금은 어엿한 사회인으로 활동하고 있으니 참으로 이 모든 것이 하나님의 은혜입니다."

라스베가스 생활은 언제부터 시작하셨습니까?

"2006년 첫 손주가 태어난 것을 계기로 30여 년간 일했던 직장을 그만두고 조기 은퇴하여 라스베가스로 이주했습니다.

이후 라스베가스 구세군교회 교인으로 신앙생활을 하면서 가능한 많은 사회봉사 활동에 참여하려고 노력했습니다. 그래서 노숙자 급식, 예배 인도, 연말 자선 냄비 모금 활동 등을 경험할 수 있었습니다. 그런데 이러한 활동들이 이웃에 도움을 줄 뿐만 아니라 저 자신을 성장시키고 삶을 풍요롭게 한다는 사실을 뒤늦게 깨닫고 놀란 적이 있습니다.

그리고 2013년 창단된 라스베가스 힐링콰이어의 창단 멤버이며 현재 10년째 단장직을 맡고 있습니다. 이 합창단은 수준 높은 합창 연주를 목적으로 하기보다 '힐링'을 목적으로 하기에 연습을 하고 병원, 시니어 센터, 노인 아파트 등을 찾아가 노래할 때마다 마음의 큰 기쁨을 얻습니다.

운전을 즐기는 남편 덕분에 지난 반세기 동안 대륙 횡단을 비롯하여 다수의 캠핑 등 많은 여행을 할 수 있었던 것도 참으로 큰 행운이었습니다. 그 덕분으로 요즘은 가까운 지인들과 일주일에 두세 번 하는 새벽 산행을 리더하고 있습니다."

참으로 대단한 삶의 여정이십니다.

한국에서 교사로 지내시다 이민 후 메디케어 상담원-한국학교 교사-자선 냄비 봉사자-힐링콰이어 단장-산행 리더 등 정 단장님께서 지금까지 살아오신 길이 제 눈앞에 하나의 아름다운 영상으로 펼쳐 보이는 듯합니다. 그런데 생활 속에 많은 변화가 있었음에도 그 변화들이 하나로 연결된 것처럼 느껴지는 것은 그 변화 속에 이미 체질화된 '이웃 사랑'과 '사회봉사'의 정신이 있기 때문으로 생각됩니다.

"아닙니다. '사랑' '봉사' 그런 단어들은 제게 너무나도 과분한 단어들입니다. 저는 그저 그런 일들이 제가 좋아서 할 뿐입니다. 그 일을 하지 않고 후회하는 것보다 힘이 들더라도 하고서 기뻐하는 것이 더 좋습니다."

저도 서울에서 교사를 20여 년가량 했기에 교직에 계셨다는 말씀에 더욱 친근감을 느낍니다. 혹, 생각나시는 교육 현장의 이야기가 있다면 하나만 들려주십시오.

"제가 교사로 근무하던 1970년대 한국의 학교 교육 환경은 매우 열악했습니다. 그러나 그 당시에는 그것이 열악하다는 생각조차 하지 못했습니다. 나라가 가난에서 벗어나려 모두가 힘쓰던 시기였으니까요.
저는 학교에서 학생들에게 공부를 가르치는 것과 함께 세상을 살아갈 수 있는 힘을 기르는 데 도움이 되도록 노력했습니다. 제가 당시 담임을 맡았던 학급에 고아원에서 사는 한 학생이 있었습니다. 사춘기 문턱에 선 그 아이는 종종 사고를 치고 교실에서 겉돌았습니다. 그러나 저는 그 아이를 문제아로 보지 않았습니다. 세상에 문제아란 없습니다. 다만 문제가 되는 환경이 있을 뿐입니다. 그리고 그 마음의 문을 열지 못하는 아이가 있을 뿐입니다. 그래서 저는 훈육보다 이해를 먼저 택했고 아이의 상처와 감정을 먼저 헤아리려 노력했고 기다렸습니다. 담임이 끝날 무렵 아이가 제게 말을 붙이며 웃음을 보였을 때 저는 비로소 교사라는 이름의 의미와 보람을 실감했습니다."

　저는 아직도 성탄절을 앞두고 정 단장님 내외분이 구세군 복장을 갖추고 거리나 한국 마켓 입구 등에서 자선 냄비 모금을 위해 벨을 울리던 모습을 기억합니다. 그 일도 용기가 있어야 할 것 같은데 그것과 관련해 말씀해 주십시오.

"저는 찬 바람이 부는 12월의 라스베가스 거리에서 10여 년간 자선 냄비 봉사에 참여했습니다. 몸도 마음도 결코 쉽지 않은 시간이었지만 그 시간과 그 자리는 정말 사랑과 기쁨으로 가득했습니다.
　작은 손, 해맑은 얼굴로 지폐를 넣고 가던 아이, 일 년 동안 모은 동전을 조용히 건네던 할머니의 모습은 깊은 감동이었습니다. 그렇게 모인 정성은 헐벗고 굶주린 이들에게 따뜻한 음식이 되고 희망이 되었습니다. 무엇보다도 그것은 사랑이 담긴 복음이었습니다.
　이 일을 하면서 저는 제가 지금까지 살아오면서 배우고 느끼고 경험했던 그 어떤 것보다도 더 많이 배우고 깨달았고 정신적으로 단단해질 수 있었습니다. 진정한 복음은 말이 아닌 사랑의 손길을 통해 전해진다는 것을 알게 되었습니다."

우리가 지금 신문 인터뷰 진행자와 초대 손님의 입장에서 얘길 하지만 합창단 지휘자와 단장의 관계가 틀림없기에 합창단 얘기를 하지 않을 수는 없다고 생각합니다. 이번 기회에 오는 6월 24일 열리는 제9회 정기연주회에 관해 소개 좀 해 주시죠.

"'이젠 사랑할 수 있어요'라는 주제로 열리는 이번 연주회는 1980년대에 한국에서 유행했던 14곡의 가요와 7곡의 팝송이 연주됩니다. 익숙한 멜로디에 따뜻한 하모니를 더한 이번 연주회는 청중 모두가 크게 공감하는 연주회가 될 것입니다. 이번 연주회에 참여하는 힐링콰이어 단원의 수는 38명이며 라스베가스에서 노래를 사랑하는 20여 명의 남성이 우정 출연해 함께 노래합니다. 그리고 연주 후반에는 연주자와 청중이 함께 노래하는 시간이 있어 오셔서 힘차게 같이 노래하실 수도 있습니다.
추억과 감성이 어우러지는 음악의 순간 속에서 여러분의 마음이 치유되고 사랑으로 물들기를 바랍니다."

사람이 어떻게 사는 것이 가장 잘 사는 것일까요?

"이 물음은 어떤 시대나 상항을 막론하고 늘 자신에게 던져야 할 질문으로 생각됩니다. 저희 가정의 가훈은 '감사하는 생활'입니다. 감사는 가진 것이 많을 때 하는 것이 아니고 지금 내가 누리고 있는 것을 깨달을 때 하는 것이라 생각합니다. 맑은 공기, 밝은 햇살, 주고받는 한마디 인사. 모두 감사의 조건으로 충분한 것들입니다.

하루하루를 감사로 채우는 삶은 남과 비교하지 않고 나의 삶을 있는 그대로 받아들이고 나에게 주어진 삶을 사랑하고 그 안에서 나답게 살아가는 것이 잘 사는 삶이 아닐까요?

한 끼의 식사, 함께 웃을 수 있는 가족과 집. 이 모든 것이 축복입니다."

이제 끝으로 간단한 가족 소개와 우리 독자에게 인사 말씀을 부탁드립니다.

"이웃 돕는 일을 주저하지 않는 남편과 금슬 좋은 두 딸네 부부, 그리고 손자 둘과 손녀 하나가 있습니다.

신문을 통해 인사드리는 독자 여러분, 늘 건강하시고 사랑하는 이들과 따뜻한 마음을 나누며 행복한 나날을 사시길 진심으로 바랍니다."

바쁘신 중에도 오늘 귀한 말씀을 해주셔서 감사합니다. (2025. 6. 6.)

최영철 대형 화물 트럭 운전사

"미 대륙을 누빈다"

무더운 라스베가스의 8월입니다.

세상엔 직업도 참으로 다양합니다, 자신이 보기엔 다른 사람의 직업이 내 직업보다 좀 더 편할 것 같기도 하지만 다른 사람이 보기엔 그 반대인 경우도 있습니다.

오늘은 극한직업 중의 하나로 손꼽히는 대형 화물 트럭 운전사(Trucker)로 10년째 미 대륙을 누비고 있는 최영철(67세) 씨를 모시고 말씀을 듣도록 하겠습니다. 초대에 응해 주셔서 감사합니다.

"귀한 지면에 초대되어 대단히 영광입니다. 이런 분위기에 제가 익숙지 않아 오늘 무슨 말을 해야 할지 벌써부터 떨립니다."

별말씀을요. 그저 편하게 갈씀해 주시면 되겠습니다. 제가 지금까지 이 난을 30회가량 진행했습니다만 오늘 가장 특별한 분을 모신 듯하여 기쁩니다. 먼저 본인 소개를 부탁합니다.

"저는 대구에서 출생하여 그곳에서 성장과 학업을 마쳤습니다. 특전사 만기제대 후에는 호텔에서 회계, 심사, 기획관리 등의 업무를 맡아 근무하다가 1988년 미국으로 이민했고 1991년 라스베가스로 이주했습니다. 지금은 화물 트럭커로 일하지만 한때는 그림 장사도 했고 또 다운타운 프레몬트 스트릿에서 거리 화가로 그림도 그렸습니다. 그리고 제가 평소 돌아다니는 것을 좋아해 잠시 여행사를 운영하기도 했습니다."

매우 다양하고 흥미로운 삶을 살아오셨군요. 다운타운 프레몬트 스트릿에서 거리 그림을 그리셨다는 말씀에 신비로운 느낌마저 듭니다.
맨 먼저 현재 하고 계시는 대형 화물운송 운전 얘기부터 시작하겠습니다.
제가 서두에 대형 화물 운전을 극한직업(신체적 또는 정신적으로 매우 힘들거나 위험이 따르는 직업)이라고 표현하였는데 대형 화물 운전자 트럭커의 주요 업무는 무엇입니까?

"대형 화물을 지정된 장소로 트럭으로 옮기는 것입니다. 대형 화물운송은 총중량 40톤을 초과하지 못하며 이는 일반적인 화물운송과 구분되고 특수 차량이나 특별한 운송 방법이 요구될 수 있습니다. 대형 화물운송은 산업 전반에 걸쳐 중요한 역할을 하며, 건설, 제조, 에너지 등 다양한 분야에서 활용됩니다.

대형 화물운송의 특징은 일반 화물에 비해 크기와 무게가 현저히 다르기 때문에 고도의 정신적인 집중이 요구되며 화물의 특성에 따라 운송경로, 운송 방법, 포장 방식 등을 맞춤형으로 설계해야 합니다.

대형 화물운송은 안전사고가 발생할 가능성이 높아 안전 관리 및 운송 절차를 지키는 것이 매우 중요합니다. 또 화물의 특성에 따라 위험물인 경우 사전에 운송경로와 도로 사정을 완전히 숙지하고 있어야 합니다."

언제부터 트럭커로 일하셨습니까?

"저는 2014년에 미국 자동차 대형운전면허증 CDL 'A'를 취득하여 지금까지 트럭커로 일하고 있습니다. 제가 하는 일은 주로 대륙횡단(OTR)입니다. 트럭커의 하루의 시작과 끝은 트럭 안에서 이루어집니다. 트럭커에게 안전 운전도 중요하지만 화물운송을 사고 없이 정확한 날짜와 시간에 배달하는 것이 매우 중요합니다. 이 일을 위해서는 반드시 강한 체력이 있어야 합니다. 끝없이 반복되는 자기 체력과의 싸움이라 할 수 있습니다. 겨울철 운전은 특히 위험하며 그다음 위험한 것이 봄철입니다. 어느 통계에 의하면 대형 화물 트럭 운전이 미국에서 가장 위험한 직업 즉, 극한직업 8위에 등극되어 있습니다."

이 직업의 대해 좀 더 구체적으로 소개해 주십시오.

"화물 트럭 운전사는 미국 자동차 대형운전면허증 CDL 'A'의 필기와 실기 시험에 합격만 하면 오라는 회사가 너무 많아 놀랍고 기쁘기까지 합니다. 지금도 엄청 많습니다. 공급과 수요가 불균형 상태라 평생 JOB 걱정 없이 일할 수 있습니다. 단, 제가 조언을 드리자면 최소 경력 1년 6개월은 가져야 합니다. 그렇게 버티고 경력을 쌓으면 최소 연봉 5만 불에서 시작하여 점차 더 많은 보수를 받게 될 것입니다. 앞서도 말씀드렸습니다만 이 일은 체력과 정신력이 굉장히 중요합니다. 꽤 많은 사람이 이 일에 도전하지만 처음 3개월, 6개월을 채우지 못하고 그만두는 일이 허다합니다. 어떤 사람은 여행의 개념으로 낭만적인 생각으로 이 일에 도전하기도 하지만 이 일은 결코 낭만적일 수만은 없습니다. 견디고 이겨 내야 할 일이 무척 많습니다."

트럭커의 가장 큰 장점은 무엇이라고 생각하십니까?

"트럭커가 힘들고 고독한 직업인 것은 틀림없지만 그 어느 직종의 사람도 경험하지 못하는 장점들도 있습니다. 트럭커의 대화 상대는 자연입니다. 눈이 부시도록 아름답게 펼쳐져 있는 다양한 자연을 바라볼 때는 황홀경에 이르기도 합니다. 밤하늘에서 오로라를 볼 때도 있고, 끝없는 들판, 아름다운 산, 강 언덕, 펑펑 내리는 눈 등은 생활의 걱정을 다 잊게 합니다.

　가족들과도 평소 떨어져 지내기에 만날 때마다 더 애틋한 마음을 갖게 됩니다.

　겨울철 아침에 일어나면 바퀴가 반 이상 눈에 잠겨 있고, 그 위로 해가 뜨고, 여우가 나타나 반기고, 눈발이 햇살에 보석처럼 반짝이며 바람에 날리는 장면들은 이루 말로 다 표현할 수 없을 정도로 신비롭고 아름답습니다."

　앞서 다운타운의 거리에서 그림을 그렸다고 하셨는데 그것이 궁금합니다. 그것에 관해 말씀해 주십시오.

"제가 라스베가스에 와서 처음 시작한 일이 그림 장사였습니다. LA에 있는 그림 공장에서 그림을 구입해 와 라스베가스에서 파는 것이었는데 처음 몇 달은 적자를 면치 못했지만 이곳 사람들의 분위기와 취향에 맞는 그림으로 바꾼 뒤에는 매상이 많이 올랐습니다. 얼마 후에는 라스베가스 유명 종합병원 및 닥터 오피스 등에도 그림을 납품하게 되었고요. 그림 장사를 하는 중에 이번엔 내가 직접 그림을 그려 보자는 생각이 들어 캐리커처, 초상화, 혁필 등에 관심을 갖고 살펴보다가 혁필을 선택해 그림을 그리기 시작했는데 그게 요즘 말로 대박이 나 다운타운 프레몬튼 스트릿 등에서 손님들을 대상으로 그림을 그리게 되었습니다."

혁필이란 것이 다소 생소하게 느껴집니다. 어떤 그림입니까?

"혁필이란 가죽 붓으로 이름 등의 문자를 형상화한 문자 그림입니다. 빠른 필법과 현란한 색채가 특징이지요. 글자의 의미를 아름답게 전달하기에 미국인들이 정말 많이 좋아했습니다. 프레몬트 스트릿에서 자리를 잡고 손님들로부터 주문을 받아 그림을 그리기 시작하면 끝날 때까지 한순간도 쉴 수 없이 바빴습니다. 관광객들은 겹겹이 둘러서서 저의 작업을 지켜보며 그림이 끝날 때마다 환호와 탄성을 질렀습니다. 몸은 피곤했지만 수입은 짭짤했습니다."

저도 가끔 외부에서 손님이 오시면 모시고 다운타운에 갈 때도 있습니다. 그럴 때마다 거리 화가들의 현란하게 그리는 그림에 감탄합니다. 그 일은 얼마 동안 하셨는지요?

"약 4년가량 했습니다. 그러다 이번엔 서커스 호텔(Circus Hotel) 'Adventure Dome' 내 부스로 옮겨 계속했습니다. 저는 그곳에서 미술에 대한 관심이 더욱 커져 Hand Molding, Photoshop(7-CS5), Custom T-Shirts, 3D Pictures, Hologram Photo, Magic Cup 등을 직접 제작해 팔기도 했습니다. 손님이 갈수록 많아져 정말 바쁘게 지냈는데 그러다 아쉽게도 2007년 금융위기(서브프라임 모기지) 이후 점점 어려워져 결국 접게 되었습니다."

아이고! 제가 다 아쉽습니다.

"비즈니스를 접은 후 한동안 의욕 없이 지내다가 이러면 안 되겠다 싶어 이번엔 실내에서 가만히 앉아서 하는 일보다 실외에서 보다 활동적인 일을 하고 싶어 화물 트럭을 운전하게 되었습니다. 물론 저도 처음엔 이 일에 적응하지 못하고 많은 갈등을 느꼈습니다만 지금은 꽤 만족하고 있습니다. 십 년 이상의 경력을 가지다 보니 회사에서도 새 트럭이 들어오면 우선적으로 제게 배정해 줍니다."

말씀을 듣는 가운데 최 선생님의 진취적이고 낙천적인 성품을 느낄 수 있었습니다. 그리고 열정적인 삶의 모습에 진심으로 응원을 보냅니다.
사람이 살아가는 데 가장 중요한 것이 무엇이라고 생각하십니까?

"건강이라고 생각합니다. 모두가 하는 얘기지만 건강을 잃으면 모든 것을 잃습니다.
신체적인 건강뿐만 아니라 정신적인 건강도 잘 관리해야 합니다. 특히 저희 같은 트럭커에게는 건강이 전 자산입니다."

말씀을 듣다 보니 이제 제게 주어진 지면이 거의 다 채워진 것 같습니다. 앞으로의 계획과 가족을 간단히 소개해 주십시오.

"특별한 계획은 없습니다. 그저 건강하게 일하며 모든 일을 복잡하지 않고 단순히 생각하며 즐겁게 살 계획입니다. 가족으로는 아내와 간호사 일을 하는 두 아들이 있습니다."

오늘 귀한 말씀 감사합니다. 늘 행복한 트럭커로 안전 운전하시길 바랍니다. (2025. 8. 8.)

이춘화 합창애호가

"노래 속에 사는 남자, 노래의 기쁨을 아는 남자"

무슨 재미로 사느냐고 물으면 당신은 뭐라고 대답하시겠습니까?
삶의 고난이 겹칠 때 당신은 무슨 힘으로 그것을 이겨 내십니까?
오늘은 노래의 기쁨과 행복을 아는 남자, 이춘화(79) 님을 모시고 말씀을 듣도록 하겠습니다. 안녕하세요? 인터뷰에 응해 주셔서 감사합니다.

"안녕하세요? 그저 한없이 평범한 저를 초대해 주셔서 감사합니다만 제가 무슨 말을 해야 할지 걱정이 앞섭니다."

별말씀을요. 무대에서 노래하시듯 편하게 말씀하시면 감사하겠습니다. 먼저 본인 소개를 부탁드립니다.

"저는 1946년 전라북도 김제시에서 산부인과 의사이신 아버지와 제 위로 여섯 누님이 있는 가운데 3대 독자로 태어났습니다. 전주고등학교 졸업 후 중앙대학교 약학대학으로 진학했으며 대학을 졸업하던 1970년에 아내 이소희 씨를 만나 약혼을 한 후 1971년 미국으로 유학을 떠났습니다. 유학 중에 영주권 취득을 위해 로스앤젤레스에서 한때 식당을 운영하기도 했고, 텍사스 달라스에서 청소년 때 취득한 태권도, 유도 고단자증을 근거로 체육관을 운영하기도 했습니다. 그리고 1978년 귀국하여 결혼했습니다. 결혼 후 섬유 의류 사업을 하시던 장인어른의 도움으로 양말을 생산하는 천안 니트 주식회사를 인수해 경영에 참여하게 되었습니다. 당시 양말 기계 120대의 시설을 갖추고 양말을 생산했습니다. 상품의 대부분은 일본으로 수출됐고 국내 백화점 브랜드로는 롯데백화점의 '원저', 신세계백화점의 '피코크', 현대백화점의 '시크뉴스' 등을 우리가 만들어 납품했습니다."

아. 그러셨군요. 제게는 몹시 신기한 얘기입니다. 사업은 계속 번창했겠죠?

"네. 사업은 빠르게 확장되어 독일, 프랑스, 이태리 등의 유럽과 미국 등에 수출했으며 중동 쪽은 군용 양말이 많았습니다. 계약 과정에 제가 늘 참여했기에 해외 출장도 잦았고 그땐 참 바쁘게 지냈습니다. 그런데 사업의 규모가 점점 커지자 직원들의 요구 사항도 많아져 새로운 경영 방법의 필요성을 느끼게 되었습니다. 그래서 저는 공장을 중국으로 이전할 계획으로 1994년 우선 가족을 제 형제들이 사는 미국 LA로 이주하게 하였습니다. 그 이듬해에 저는 중국 대련으로 공장을 이전하고 현지에서 경영하다가 1996년 처남에게 회사를 인계하고 LA 가족에게 돌아갔습니다."

LA에서도 섬유 의료 사업을 계속하셨습니까?

"아닙니다. LA에서는 김치 사업을 잘하고 있던 셋째 누나의 배려로 삼천리 김치 식품공장을 물려받아 운영하게 되었습니다. 운 좋게도 사업은 처음부터 잘되어 김치 외 강정, 부각, 간장, 된장, 고추장 등도 생산하게 되었으며 나중에는 잔칫집 케이터링까지 맡아 했습니다. 회사의 주 상품인 삼천리 김치 외에도 한남마켓 김치와 가주마켓 김치도 저희가 만들어 납품했고요. 저흰 김치에 조미료(MSG)를 첨가하지 않았기에 소비자들이 좋아했습니다. 사업이 확장되면서 회사의 이름도 '삼천리 식품'에서 '그린피스 김치(Green Peace Food Co)'로 개명하였으며 새로운 상품을 계속 개발해 종래의 막김치, 통김치 등 두 종류의 김치에서 백김치, 깍두기, 동치미, 파김치, 열무김치, 풋배추김치, 오이김치, 가지김치를 만들어 미 전역으로 배송했습니다. 소비자의 수요가 점차 늘어나 사업 확장의 필요성을 느끼고 마켓에 나와 있는 치즈 공장 건물을 계약하고 매입 절차를 밟던 중 건물 시설과 관련된 문제로 융자가 되지 않아 어려움을 겪었습니다. 나중에는 법원 소송까지 걸려 큰 어려움을 겪었습니다. 이턴 일이 생기자 몸까지 병이 들어 2002년 심장 시술 스탠스 2개, 2003년 심장 시술 스탠스 1개, 2005년 심장 시술 스탠스 1개를 했으며 경제적으로나 신체적으로 더 이상 견뎌 내지 못하고 2005년 12월 김치 사업을 정리했습니다."

아, 그런 일을 겪으셨군요. 이 선생님께서는 언제나 무대에서 밝은 표정으로 즐겁게 노래하셔서 평탄한 삶을 살아오셨을 것으로 생각했었는데 그런 어려운 시절이 있었군요. 그런데 이런 힘든 상황들을 어떻게 극복하셨습니까?

"일단 제가 3대째 내려오는 기독교인이기에 하나님께 이 어려움을 이겨 낼 용기를 달라고 간절히 기도했고, 또 한편으로는 어릴 때부터 좋아했던 노래를 교회 성가대와 지역 한인합창단 등에 나가 부르면서 마음의 위로와 평안을 찾을 수 있었습니다."

그것이 종교의 힘이요 예술의 힘이라고 생각합니다. 노래는 언제부터 좋아하셨습니까?

"김제국민학교(초등학고) 입학 첫날 담임선생님께서 '누구 노래 부를 사람?' 하시기에 제가 제일 먼저 손을 들고 앞으로 나가 '무궁화 무궁화 우리나라 꽃'을 불렀는데 그 이후 제가 노래 잘하는 아이로 소문이 나

노래 부를 일이 있을 때마다 불려 가 노래를 불렀습니다. 저희 가정에서는 가족들이 수시로 찬송가를 불렀기에 제게 노래하는 일은 그렇게 낯설지 않았습니다."

그래서 음악 공부를 본격적으로 하셨습니까?

"아뇨. 그저 집에서 나중에 대학에서 피아노를 전공한 넷째 누나가 반주와 함께 노래 지도를 해 주었습니다. 제가 넉살이 좋아서인지 아니면 정말 노래를 좋아해서인지 저는 노래하는 것이 두렵지 않고 즐겁습니다. 대학 시절 당시 중앙대에는 약대생들이 중심이 되어 여는 음악회가 있었는데 그때 제가 장일남 작곡 '기다리는 마음'과 금수현 작곡 '그네'를 독창했던 적이 있습니다. 그 후 학과 내 여학생들에게 인기가 폭발했었지요." (웃음)

지금까지 활동하신 연주 단체가 많을 것 같습니다.

"많지요. 회사를 경영하고 김치 공장을 돌리면서도 합창단에 나가 노래하는 일은 멈추지 않았으니까요. 한국에서도 그랬지만 미국에 와서도 주일날 교회 성가대와 일반 합창단 활동을 멈추지 않았습니다. LA에서는 LA베다니교회, LA성광교회, 나성한미교회 성가대에서 찬양했고 라스베가스에서는 휄로쉽교회, 중앙교회 성가대 등에서 찬양했습니다.

일반 합창단으로는 LA에서 LA장로성가단, LA남가주장로중창단, 로스앤젤레스 챔버 콰이어 등에서 노래했고 라스베가스에서도 여러 연주 단체에 직접, 간접적으로 참여해 노래했습니다."

지금까지 하신 많은 연주 중 가장 깊은 감동을 경험한 연주회는 어떤 것입니까?

"저는 거의 매번 연주 때마다 감동을 받습니다. 제가 노래하는 곡의 대부분이 성가이기에 그 감동의 깊이가 더욱 깊습니다.

특별한 감동을 받은 연주로는 2007년 12월 로스앤젤레스 챔버 콰이어에서 했던 헨델 작곡 '메시아(Messah)' 전곡 원어 연주와 2016년 11월 라스베가스에서 출석 교회가 다른 기독교인 100명이 함께 노래한 '제1회 100인 연합 성가 합창연주회'입니다. 이날 연주회에서 보여준 연합 성가의 힘과 아름다운 조화는 감동 그 이상의 큰 기쁨이었습니다."

이 선생님께서는 LA에서 라스베가스로 이주하신 후에도 합창 연습을 위해 거의 매주 운전하고 LA를 다니셨다는 말을 들었습니다. 사실인가요?

"합창 연습을 위해 매주 LA를 다녀온 것은 사실입니다. 몸이 병들고 어려운 사업을 모두 정리하고 라스베가스에 처음 왔을 땐 매우 참담한 심정이었지만 일주일에 한 번 LA에 가서 노래를 실컷 부르고 밤중에 돌아올 때는 마음이 그렇게 기쁠 수가 없었습니다. 어땔 땐 차에서 큰 소리로 노래를 불렀는데 그럴 때마다 밤하늘의 별들이 모두 제 노래에 귀를 기울이는 것 같았습니다. 저를 축복하는 듯했습니다."

정말 아름다운 장면이군요.

이 선생님의 말씀 가운데는 아버지, 아내, 누님들, 장인, 처남 등 많은 가족분이 등장합니다. 그것으로 가족을 소중히 여기는 가정임을 알 수 있습니다. 가족을 좀 소개해 주십시오.

"언제나 친구 같은 사랑하는 아내(이소희)와 큰아들 우석이 부부, 둘째 아들 민석이 부부, 딸 지혜 부부 그리고 손자 건희, 건우, 건혁, 건하, 인범, 현빈이와 손녀 인힘, 유빈, 인서가 있습니다. 둘째 아들네는 시카고에서 삽니다."

오늘 따뜻한 말씀을 듣는 중에 제 마음이 따뜻해져 오는 것을 느낍니다. 이제 끝으로 우리 독자들에게 덕담 한말씀 부탁드립니다.

"내일모레 팔십이 되는 사람이 가끔 여러분 앞에서 듣기 불편한 노래를 하더라도 좋게 봐주시길 바랍니다. 저는 노래 부르는 것이 참 좋습니다. 찬양하는 것이 정말 기쁩니다. 외람되지만 여러분께도 노래를 권하고 싶습니다. 이 기쁨과 행복을 권하고 싶습니다."

정말 감동적인 마무리까지 잘해 주셨습니다. 항상 건강하시고 노래 가운데 기쁘고 행복하게 지내시길 바랍니다. 감사합니다. (2025. 9. 5.)

김정현 문인화가

"매화의 꽃망울을 그릴 때면 제가 세상에서
가장 행복한 사람입니다"

한국처럼 사계절이 확실히 구별되는 것은 아니지만 우리가 사는 라스베가스에도 봄이 오고, 가을이 오고 겨울이 옵니다. 이제 시월을 맞아 바람도, 꽃향기도, 사람들의 표정도 바뀌어 갑니다. 오늘은 아름다운 그림 속에서 살아가시는 문인화가 김정현 선생을 모시고 말씀을 듣고자 합니다. 안녕하세요? 나와 주셔서 감사합니다.

"초대해 주셔서 감사합니다. 라스베가스 타임즈의 이 인터뷰난은 제가 꼭 챙겨서 읽고 있는데 오늘 제가 나오게 되어 영광입니다."

아닙니다. 모시게 되어 기쁩니다. 먼저 본인 소개를 부탁드립니다.

"저는 1945년 해방둥이로 전남 영암에서 출생했고 제 아버님께서는 토목업을 하셔서 영암군 소재 5개 저수지 건설에 참여하셨습니다. 아버님의 영향인지 저는 전남대학교 공과대학 화학공학과와 경영대학원을 졸업했고 그 후 1972년 삼양타이어(금호그룹 전신)에 입사해 타이어와 인연을 맺게 되었습니다. 1973년에는 미국 유니로얄 타이어 회사와의 기술 제휴로 한국 최초 레디알 타이어 개발에 참여했으며, 이 타이어로 인해 한국 타이어의 질이 세계적 수준으로 평가받게 됐고 팀의 일원으로 개발에 참여했던 저는 지금도 이 일에 큰 긍지를 갖고 있습니다.

그 후 일반 트럭 레디알 타이어와 F-4 군 공격기 타이어, 군용 전차용 타이어 등 군용타이어 개발에도 참여했고, 1983년 8월부터는 삼양타이어(금호타이어 전신) 미국 지사의 기술지원, 타이어연구소 설립 및 관리(에크론, 오하이오 연구소) 책임자로 일했습니다. 2012년부터는 한국 내 중소기업 해외 진출 컨설팅 서비스를 하다가 2016년 은퇴하고 라스베가스로 옮겨 왔습니다."

라스베가스로 오신 그 다음해인 2017년 2월 사하라에 있는 커머셜 센터 내에서 '김정현 김혜옥 부부 전시회'를 개최하셨던 일이 생각납니다. 타이어와 관련된 일을 하시던 분이 어떻게 그림 전시회를 하게 되셨는지요? 그림은 언제부터 그리셨습니까?

"30여 년 전 금호그룹을 퇴사하고 개인 사업을 하면서 은퇴 후에 뭘

할까를 생각 중에 한 친구가 '남의 말 듣지 말고 네가 잘하는 것으로 취미생활을 하라'는 말을 듣고 생각해 보니 제가 초등학교 다닐 때 학교에서 그림을 좀 그리는 아이로 알려져 서울 창경원에서 열린 전국 학생 그림 대회에 나간 적이 있어 혹시나 하고 그림 공부를 시작했는데 그 재미가 좋아 지금 30여 년째 그것에 빠져 있으며 요즘은 주변 사람들에게 그림을 가르치기까지 합니다.

　LA 지사 근무 때는 많은 한국 화가들의 작품을 미국에 소개할 기회가 있어 동양화에 대해 좀 더 친숙할 수 있었고, 그때부터 그림에 관심을 가지고 각종 그림 전시회와 미술 관련 컨벤션에 참석했으며 중국 여행 때도 그림 위주의 여행을 했습니다. 그런 중에 운명적으로 LA에서 문인화 화가 한 분을 만나 그분께 그림지도를 받게 되었습니다. 그 후 10여 년 동안 오전엔 사업, 오후엔 문인화 연마에 몰두하게 됐고요."

'문인화'는 어떤 그림입니까?

"문인화는 벼슬하지 않은 선비와 묵객들이 비직업적인 입장에서 그린 그림으로 그림의 기술보다는 학문과 인품, 철학적 사유를 담는 것이 특징이라 할 수 있습니다. 문인화는 화려하고 정교한 기법보다는 소박한 수묵화법을 진작시켰으며 시나 서예와의 밀접한 관계를 강조하여 '시화일치' 또는 '서화일치'의 경지를 지향합니다. 문인화의 소재로는 사군자인 매화, 난초, 국화, 대나무를 비롯해 산수, 인물, 화훼 등과 유교적 윤리의식과 친자연적 성향을 지닌 소재를 많이 다루고 있습니다."

　김 선생님께서는 사군자 가운데 특별히 매화를 소재로 그림을 많이 그리시는 것 같습니다. 미술전에서 입상한 작품들도 매화 작품이 많습니다. 매화의 매력은 무엇입니까?

　"매화는 추운 겨울을 이겨 내고 이른 봄에 피어나는 꽃으로 고결한 마음, 기품, 인내를 상징하며 선비의 절개를 나타내는 꽃으로 여겨집니다. 눈이 내리는 한겨울에 핀 매화를 '설중매'라고 하는데 추위 속에서 피는 고고한 모습은 매우 인상적입니다. 매화는 백매, 홍매, 녹매 등 다양한 꽃잎의 색깔이 있으며 품종에 따라 꽃 수, 가지 모양 등도 다양해 한번 그 매력에 빠지면 쉽게 벗어 나기가 어렵습니다. 금방 터질 것 같은 매화의 꽃망울을 그릴 때면 내가 세상에서 가장 행복한 사람입니다."

　그렇군요. 저는 사군자 중 화려한 빛깔의 매화도 좋지만 사철 푸르른 대나무도 좋아합니다. 대나무 사이사이에 있는 마디를 보면서 저는 음악의 리듬을 생각합니다. 마디 없는 대나무는 생명 없는 산업용 PVC 파이프와 같듯이 리듬 없는 음악은 감동 없는 공허한 소리에 불과합니다. 대나무로 만든 각종 피리 소리는 사람의 호흡과 바람 소리를 동시에 느끼게 해 그 소리를 들을 때마다 우리의 마음이 흔들립니다. 제 생각을 길게 말씀드려 죄송합니다.

"아닙니다. 저도 대나무를 좋아합니다. 그래서 대나무 그림도 종종 그립니다.

우리가 대나무를 '나무'라고 하지만 실지로 대나무는 나무가 아니고 볏과에 속하는 풀입니다. 대나무에는 나이테가 없고 시간이 지나도 줄기가 굵어지지 않고 처음 그대로의 상태로 자랍니다. 길고 가늘지만 쉽게 부러지지 않는데 그것은 대나무 사이사이에 방금 배 원장께서 말씀하신 마디가 있기 때문입니다. 우리는 그 식물의 모습을 그리기보다 그 식물의 성질을 관찰하고 그것을 표현하려고 노력합니다. 대나무는 욕심 없이 속을 비우고 언제나 곧은 자세로 삽니다. 그래서 우리는 의지가 강한 사람을 '대쪽 같다'라고 합니다. 우리는 대나무를 그리면서 우리도 그렇게 살길 소망합니다."

김 선생님께서는 2022년 3월 '한글 세상을 밝히다'라는 주제로 한국 캘리그라피 예술협회 회원 작품 30점을 라스베가스에서 전시하면서 한글 캘리그라피를 소개했습니다. 캘리그라피는 어떤 종류의 그림입니까?

"'캘리그라피'(Calligraphy)는 손으로 그린 그림문자입니다.

캘리그라피는 그리스어 'kallos'(아름다움)와 'graphy'(쓰기)의 합성어로, '글씨를 아름답게 쓴다'는 사전적 의미를 가집니다. 이는 단순한 글씨 쓰기를 넘어, 손글씨에 개성과 감정을 담아 문자를 시각적으로 아름답게 표현하는 기술이자 예술입니다. 한글은 동양철학의 '천(·), 지

(一), 인(｜)'에 근거하고 있어 글자의 깊은 의미와 독특한 형태로 세계 어느 문자보다도 캘리그라피로 표현하기에 좋은 문자입니다."

그동안의 미술 활동을 소개 좀 해 주십시오.

"개인전 5회, 단체전 6회를 했고요. 입상으로는 대한민국 문인화대전 입상 7회, 대한민국 미술대전 문인화 부문 입상 2회, 대한민국 미술대전 문인화 부문 특선 2회 등이 있습니다. 전시는 프랑스 파리 초대전(2010년), 국제 현대 서화 작품전(2012년), 제1회 개인전(2012년 세리토스 라이브러리 캘리포니아), 효천 문하생 작품전(2014년) 등이 있으며 최근 전시로는 LA 문화원 초청 단체전(2022년), 캐나다 밴쿠버 한국 총영사 초청 단체전(2022년) 등이 있습니다."

그림을 처음 배우는 사람들에게 꼭 해 주고 싶은 말씀이 있다면 무엇입니까?

"그림을 놀이처럼 재미있고 즐겁게 하길 바랍니다. 그림도 일종의 언어입니다. 말로 표현하기 힘든 내면의 감정이 그림으로 표현되기도 합니다. 그림을 그리다 보면 그림과 대화하고 있는 자신을 발견하게 될 것입니다."

지역 한인 청소년과 일반인들을 위한 그림지도에 힘쓰고 계신 것으로 압니다. 어떤 클래스가 있는지요?

"현재 세 개의 클래스를 진행하고 있습니다. 월요일과 화요일에는 중앙교회와 안디옥교회에서 문인화와 한글 캘리그라피를 지도하고 토요일에는 한인회 오피스에서 한글 캘리그라피를 지도합니다."

말씀을 듣는 사이에 제게 주어진 지면이 금방 다 채워진 것 같습니다. 끝으로 가족 소개를 간단히 부탁드립니다.

"채색화를 그리는 아내(김혜옥)와 아들, 두 딸 부부 그리고 사랑하는 외손녀가 한 명 있습니다."

물감으로 세상을 다 아름답게 칠할 수는 없겠지만 아름다운 그림이 있는 세상, 아름다운 그림을 그리며 사는 세상을 위해 노력하시는 김 선생님께 감사와 박수를 보냅니다. 오늘 나와 주셔서 감사합니다. (2025. 10. 10.)